„Bücher sind wie Fallschirme. Sie nützen uns nichts, wenn wir sie nicht öffnen."

Gröls Verlag

Redaktionelle Hinweise und Impressum

Das vorliegende Werk wurde zugunsten der Authentizität sehr zurückhaltend bearbeitet. So wurden etwa ursprüngliche Rechtschreibfehler *nicht* systematisch behoben, denn kleine Unvollkommenheiten machen das Buch – wie im Übrigen den Menschen – erst authentisch. Mitunter wurden jedoch zum Beispiel Absätze behutsam neu getrennt, um den Lesefluss zu erleichtern.

Um die Texte zu rekonstruieren, werden antiquarische Bücher von Lesegeräten gescannt und dann durch eine Software lesbar gemacht. Der so entstandene Text wird von Menschen gegengelesen und korrigiert – hierbei treten auch Fehler auf. Wenn Sie ebenfalls antiquarische Texte einreichen möchten, finden Sie weitere Informationen auf www.groels.de

Viel Freude bei der Lektüre wünscht Ihnen das Team des Gröls-Verlags.

Adressen

Verleger: Sophia Gröls, Im Borngrund 26, 61440 Oberursel

Externer Dienstleister für Distribution & Herstellung: BoD, In de Tarpen 42, 22848 Norderstedt

Unsere „Edition | Werke der Weltliteratur“ hat den Anspruch, eine der größten und vollständigsten Sammlungen klassischer Literatur in deutscher Sprache zu sein. Nach und nach versammeln wir hier nicht nur die „üblichen Verdächtigen“ von Goethe bis Schiller, sondern auch Kleinode der vergangenen Jahrhunderte, die – zu Unrecht – drohen, in Vergessenheit zu geraten. Wir kultivieren und kuratieren damit einen der wertvollsten Bereiche der abendländischen Kultur. Kleine Auswahl:

Francis Bacon • Neues Organon • **Balzac** • Glanz und Elend der Kurtisanen • **Joachim H. Campe** • Robinson der Jüngere • **Dante Alighieri** • Die Göttliche Komödie • **Daniel Defoe** • Robinson Crusoe • **Charles Dickens** • Oliver Twist • **Denis Diderot** • Jacques der Fatalist • **Fjodor Dostojewski** • Schuld und Sühne • **Arthur Conan Doyle** • Der Hund von Baskerville • **Marie von Ebner-Eschenbach** • Das Gemeindekind • **Elisabeth von Österreich** • Das Poetische Tagebuch • **Friedrich Engels** • Die Lage der arbeitenden Klasse • **Ludwig Feuerbach** • Das Wesen des Christentums • **Johann G. Fichte** • Reden an die deutsche Nation • **Fitzgerald** • Zärtlich ist die Nacht • **Flaubert** • Madame Bovary • **Gorch Fock** • Seefahrt ist not! • **Theodor Fontane** • Effi Briest • **Robert Musil** • Über die Dummheit • **Edgar Wallace** • Der Frosch mit der Maske • **Jakob Wassermann** • Der Fall Maurizius • **Oscar Wilde** • Das Bildnis des Dorian Grey • **Émile Zola** • Germinal • **Stefan Zweig** • Schachnovelle • **Hugo von Hofmannsthal** • Der Tor und der Tod • **Anton Tschechow** • Ein Heiratsantrag • **Arthur Schnitzler** • Reigen • **Friedrich Schiller** • Kabale und Liebe • **Nicolo Machiavelli** • Der Fürst • **Gotthold E. Lessing** • Nathan der Weise • **Augustinus** • Die Bekenntnisse des heiligen Augustinus • **Marcus Aurelius** • Selbstbetrachtungen • **Charles Baudelaire** • Die Blumen des Bösen • **Harriett Stowe** • Onkel Toms Hütte • **Walter Benjamin** • Deutsche Menschen • **Hugo Bettauer** • Die Stadt ohne Juden • **Lewis Caroll** • *und viele mehr….*

Edgar Wallace

Kriminalgeschichten

Übersetzung

von

Ravi Ravendro

Inhalt

Der Fall Stretelli

Detektivinspektor John Mackenzie hatte seinen Abschied eingereicht, und die Zeitungen brachten aus diesem Anlaß viele Berichte über ihn und seine Erfolge. Seine direkten Vorgesetzten wunderten sich, welche Gründe ihn zu dem vorzeitigen Rücktritt veranlaßt haben mochten. Aber alle Vermutungen waren falsch; kein Mensch ahnte die eigentliche Ursache. Mackenzie wußte nämlich nicht mehr, wie er in dem Widerstreit zwischen Pflicht und Gerechtigkeitssinn handeln sollte, und wählte deshalb den Ausweg, sein Amt niederzulegen.

In diesen Konflikt war er durch die Bearbeitung des Falles Stretelli geraten, der äußerlich dadurch zum Abschluß gebracht wurde, daß man an einem kalten Dezembermorgen im Gefängnis zu Nottingham einen Verbrecher hängte.

Die Tatsache, daß John Mackenzie seinen Abschied einreichte, war um so unverständlicher, als seine Vorgesetzten ihm zur Aufklärung dieses Falles besonders gratuliert und eine Beförderung in Aussicht gestellt hatten. Aber gleich darauf ging er in sein Büro und schrieb kurz entschlossen sein Abschiedsgesuch.

In gewisser Weise war Mackenzie eben altmodisch.

*

Einige Monate bevor er den Dienst quittierte, brachte ihm ein Untergebener eine Visitenkarte mit der Aufschrift: „Dr. med. Mona Stretelli, Madrid.“ Als er das las, rümpfte er die Nase.

Er hatte ein Vorurteil gegen Ärztinnen, obwohl dies die erste war, die ihn amtlich aufsuchte.

„Führen Sie die Dame in mein Büro“, sagte er und wunderte sich, was eine spanische Ärztin in Scotland Yard zu suchen hatte.

Noch ehe er sich versah, stand sie bereits vor ihm – lebhaft, dunkel, von durchschnittlicher Größe. Als er sie näher betrachtete, kam ihm zum Bewußtsein, daß sie sogar schön war.

„Es ist mir eine große Ehre, Sie kennenzulernen“, begrüßte er sie höflich in französischer Sprache. „Was kann ich für Sie tun?“

Sie lächelte leicht über diesen etwas brüsken Empfang.

„Ich wäre Ihnen sehr verbunden, wenn Sie mir zehn Minuten Ihrer sonst so kostbaren Zeit schenken, würden, Mr. Mackenzie“, entgegnete sie auf englisch. „Ich habe Ihnen eine wichtige Mitteilung zu machen.“ Dann reichte sie ihm einen Brief, der den Stempel des Innenministeriums trug. Es war ein Einführungsschreiben, das ihr ein hoher Beamter gegeben hatte. Inspektor Mackenzie wunderte sich jetzt nicht mehr, daß sie ihn aufgesucht hatte.

„Kennen Sie Mr. Morstels?“ fragte sie.

Er schüttelte den Kopf.

Sie zögerte.

„In London müssen Sie aber doch – gewisse Gerüchte hören ... Ich meine, von West End. Haben Sie noch nie etwas von Margaret Stretelli erfahren?“

Mackenzie runzelte die Stirn.

„Selbstverständlich, der Name kommt mir bekannt vor. Sind Sie mit der Dame verwandt?“

„Sie war meine Schwester“, entgegnete sie ruhig.

Sie nickte: wieder, und er sah, daß ihre Augen feucht wurden.

Als Margaret Stretelli aus London verschwand, war man in Scotland Yard darüber weder erleichtert noch betrübt, aber man vermerkte es. Margaret gehörte zu einem Kreis moderner junger Damen, die sich gewöhnlich in einem Restaurant in Soho trafen. Man wußte im Polizeipräsidium, daß sie mit allen möglichen fragwürdigen Elementen zusammenkam. Sie war in gewisser Weise am Kokainhandel beteiligt, da sie das Rauschgift selbst kaufte. Einmal hatte die Polizei eine Razzia abgehalten und sie in einer Kokainkneipe abgefaßt, so daß sie vor den Polizeirichter kam und eine Ordnungsstrafe erhielt. Ein anderes Mal hatte sie ebenfalls die Aufmerksamkeit der Polizei auf sich gelenkt, weil sie in ihrem Luxuswagen gegen einen Laternenpfahl gefahren war. Ihr selbst war bei den Unfall nichts geschehen.

In Scotland Yard interessierte man sich für die Extravaganzen dieser jungen Dame. Man wußte, daß sie über große Geldmittel verfügte, und als sie sich nicht länger in den Lokalen zeigte, in denen sie früher verkehrt hatte, erkundigte man sich nach ihrem Verbleib. Es stellte sich heraus, daß sie einen Gutsbesitzer in Mittelengland geheiratet hatte. Ein paar Wochen nach der Hochzeit brannte sie ihm jedoch durch und fuhr nach New York. Das war eine ziemlich uninteressante Geschichte, die ähnlich auch schon anderen Leuten passiert war. Es lohnte sich kaum, die, Einzelheiten zu den Akten zu nehmen. Da aber alle Verbrechen mit nichtssagenden Geschichten beginnen, wurden auch diese Daten gesammelt und notiert.

„Vielleicht ist es besser, wenn ich Ihnen zuerst kurz die Geschichte unserer Familie erzähle“, begann Mona Stretelli. „Mein Vater war ein bekannter Arzt in Madrid. Bei seinem Tod hinterließ er seinen beiden Töchtern, Margaret und mir, fünf Millionen Pesetas. Ich hatte den Beruf meines Vaters ergriffen und übte schon drei Jahre eine Praxis aus, als er starb.

Meine arme Schwester Margaret führte ein bewegtes Leben und suchte Zerstreuungen, die nach ihrem Geschmack waren. Drei Monate nach dem Tod meines Vaters ging sie nach Paris, um Musik zu studieren, und von dort nach London, wo sie in den Kreisen der Boheme verkehrte – unter anderem auch mit Leuten, die bei der Polizei unbeliebt waren. Wie sie mit Mr. Morstels bekannt wurde, habe ich niemals erfahren können. Sie hatte bereits einen großen Teil ihres Geldes verbraucht, als sie unter seinen Einfluß kam. Er machte ihr einen Heiratsantrag, und sie wurden auf dem Standesamt in Marylebone getraut. Darauf zog sie mit ihm auf sein Gut in Little Saffron.

Verschiedene Dorfbewohner haben sie gesehen, und soweit ich herausbringen konnte, hat sie im ganzen drei Wochen mit ihm zusammen gelebt. Wie lange sie dann noch dort wohnte, ist nicht bekannt. Es mögen drei Monate gewesen sein, vielleicht auch nur einer. Als sie verschwand, glaubte man im Dorf allgemein, daß sie ihrem Mann davongelaufen sei. Die Leute waren ja schon gewöhnt, daß Mr. Morstels mit seinen Ehen Unglück hatte."

„War er schon öfter verheiratet?" fragte Mackenzie.

„Schon zweimal. Auch seine beiden ersten Frauen waren ihm durchgegangen, und er hatte sich scheiden lassen. Mr. Mackenzie, ich bin fest davon überzeugt, daß meine Schwester ermordet worden ist!"

Er richtete sich plötzlich auf.

„Ermordet? Aber liebes gnädiges Fräulein, es ist doch leicht möglich, daß Ihre Schwester tatsächlich davonlief."

Sie schüttelte den Kopf.

„Das ist unmöglich. Wenn sie ihn verlassen hätte, wäre sie sofort zu mir gekommen. Wir waren immer die besten Freundinnen, und obgleich sie sehr eigensinnig und dickköpfig war, wandte sie sich doch immer an mich, wenn sie in eine unangenehme Situation geriet."

„Haben Sie denn Mr. Morstels kennengelernt?"

„Ja, ich habe ihn gesehen, und zwar gestern zum erstenmal. Und nachdem ich ihn getroffen habe, bin ich davon überzeugt, daß meine Schwester ermordet wurde."

„Das ist eine schwere Anklage, die Sie erheben. Ich will allerdings glauben, daß Sie derartiges nicht sagen würden, wenn Sie nicht guten Grund dazu hätten", entgegnete Mackenzie lächelnd. „Und da Sie Ärztin sind, lassen Sie sich wahrscheinlich nicht leicht durch Stimmungen beeinflussen und überlegen sich, was Sie sagen."

Sie nickte mit dem Kopf, erhob sich und ging erregt im Büro auf und ab. „Verzeihen Sie, Mr. Mackenzie, aber ich bin so fest davon überzeugt, daß meine arme Schwester Margaret tot ist, daß ich es nicht glauben würde, wenn ich sie in diesem Augenblick ins Zimmer treten sähe."

„Aber wie kommen Sie denn darauf?" fragte Mackenzie hartnäckig. „Außer der Tatsache, daß Mr. Morstels dreimal geheiratet hat, ist doch nichts gegen ihn bekannt?"

„Ich selbst habe Nachforschungen angestellt. Die Polizeibehörde seines Ortes hält ihn für einen ehrbaren Charakter, aber ich glaube, daß ich Ihnen Einzelheiten mitteilen kann, die Sie interessieren werden. Bevor Margaret London verließ, hat sie sechstausendfünfhundert Pfund von ihrer Bank abgehoben. Und wo blieb das Geld?"

„Haben Sie ihn denn nicht gefragt?"

„Doch. Er antwortete mir, daß meine Schwester, als sie von ihm wegging, nicht nur ihr eigenes Geld, sondern auch noch eine große Summe von ihm mitgenommen habe, so daß er im Augenblick in großer Verlegenheit sei. Ja, er hatte sogar die Unverschämtheit, mich aufzufordern, ihm Schadenersatz zu leisten!"

Mackenzie stützte das Kinn in die Hand und dachte nach.

„Die Sache scheint sich tatsächlich mehr und mehr zu einer Mordgeschichte zu entwickeln", meinte er. „Aber ich hoffe schon um Ihretwillen, daß Sie sich irren, Miss Stretelli. Auf jeden Fall werde ich Mr. Morstels aufsuchen."

*

An einem Wintermorgen, an dem alle Zweige und Sträucher in dem Obstgarten von Mr. Peter Morstels bereift waren, ging Detektivinspektor Mackenzie langsam von der Eisenbahnstation nach Morstels' Haus. Er hatte seine Pfeife angesteckt und trug den zusammengerollten Regenschirm, ohne den er niemals ausging.

Als er das Haus auf dem Hügel sah, blieb er stehen und betrachtete das Gebäude – einen häßlichen Betonneubau – eingehend. Es stand am Abhang, und man mußte von dort eine prachtvolle Aussicht haben.

Fünf Minuten später war er bei dem Gebäude selbst angekommen – irgendwie machte es ihm keinen günstigen Eindruck. Er klopfte an die Tür, und ein großer breitschultriger Mann öffnete ihm.

Sein nicht allzu volles Haar zeigte eine rötlichblonde Färbung, und er hatte ein rotes gesundes Gesicht. Mit argwöhnischen Blicken maß er den Detektiv.

„Guten Morgen, Mr. Morstels. Ich bin Inspektor Mackenzie von Scotland Yard."

Kein Muskel in dem Gesicht des Mannes rührte sich. Er zuckte mit keiner Wimper, während er ihn mit seinen großen, blauen Augen fest ansah.

„Freut mich – bitte treten Sie näher."

Morstels führte den Inspektor in eine mit Steinfliesen ausgelegte Küche, die niedrig, aber sehr sauber war.

„Hat Miss Stretelli Sie hergeschickt?“ fragte er. „Nach allem, was ich von ihr weiß, muß ich das annehmen. Als ob ich nicht schon gerade genug Sorgen und Kummer mit ihrer Schwester gehabt hätte!“

„Wo ist denn Ihre frühere Frau?“ fragte Mackenzie geradezu.

„Die muß sich irgendwo in Amerika aufhalten. Selbstverständlich hat sie mir nicht die Stadt genannt, in die sie ziehen wollte. Ich habe ihren letzten Brief oben.“

Nach ein paar Minuten kehrte er mit einem grauen Briefbogen zurück, der weder Anschrift noch Adresse trug.

> Ich verlasse Dich, weil ich das ruhige Landleben nicht vertragen kann. Diesen Brief schreibe ich an Bord der Teutonic. Bitte reiche die Scheidungsklage gegen mich ein. Ich möchte Dir nur noch kurz mitteilen, daß ich nicht unter meinem eigenen Namen reise.

Mackenzie betrachtete das Schreiben von allen Seiten.

„Ich möchte nur wissen, warum sie nicht die Briefbogen genommen hat, die man umsonst an Bord bekommen kann?“ fragte er freundlich. „Eine Frau, die in aller Eile abreist, packt doch gewöhnlich kein Briefpapier in ihren Koffer. Sie haben sie doch sicher in der Passagierliste gefunden? – Ach so, ich verstehe, das konnten Sie ja nicht, weil sie unter einem anderen Namen reiste. Wie mag sie nur mit den Paßschwierigkeiten fertig geworden sein?“

Der Inspektor sagte das alles leichthin, betrachtete aber dauernd den Mann, der vor ihm stand. Wenn er aber glaubte, daß er Peter Morstels irgendwie beeinflussen konnte, irrte er sich.

„Wie sie mit ihrem Paß fertig geworden ist, geht mich doch nichts an. Darum soll sie sich allein kümmern“, entgegnete der Mann ruhig. „Sie hat mich nicht ins Vertrauen gezogen. Ihre Schwester ist ja ganz darauf versessen, daß ich sie umgebracht haben soll“, sagte er dann und lachte. „Glücklicherweise war ich allein im Haus, als sie neulich herkam. Es hätte ja einen hübschen Spektakel im Dorf gegeben, wenn meine Dienerschaft alles gehört hätte, was sie mir an den Kopf warf.“

Auch Morstels sah den Inspektor dauernd an.

„Ich vermute, daß sie Ihnen auch all den Unsinn erzählt hat. Wenn Sie wollen, gebe ich Ihnen gern die Erlaubnis, das ganze Haus vom Keller bis zum Dach zu durchsuchen. Mehr kann ich wahrhaftig nicht tun. Das einzige, was noch von ihr hier ist, sind ein paar Kleider. Wollen Sie die vielleicht sehen?“

Mackenzie folgte ihm die Treppe hinauf zum großen gemeinsamen Schlafzimmer, das nach vorn heraus lag. In einem eingebauten Schrank fand er einen braunen Pelzmantel, drei Kleider und ein halbes Dutzend Paar Schuhe. Diese betrachtete er und entdeckte ein Paar, das noch nicht getragen war. Mackenzie, der die Frauen kannte, zog seine Schlußfolgerungen aus dieser Tatsache.

Eine Untersuchung des Gartens und des Grundstücks brachte ihn der Lösung auch nicht näher. Er konnte sich nicht erklären, wie die Frau verschwunden sein mochte.

„Was bauen Sie denn da?“ fragte Mackenzie und wies auf einen halbvollendeten Betonanbau.

Morstels lächelte.

„Ich wollte einen Anbau fertigstellen. Darin sollte auch ein Schlafzimmer und ein Bad für meine Frau eingerichtet werden. Dieses Haus war ihr nicht gut genug. Der untere Teil war zu einem Wohnzimmer bestimmt, das sie gleichzeitig als Boudoir benutzen wollte. Ich bin kein vermögender Mann, Mr. Mackenzie, aber ich hätte mein letztes Geld für diese Frau hergegeben! Sie war sehr reich, sie hatte Tausende, aber ich habe davon nichts bekommen. Und ich wollte auch gar nichts davon!“

Mackenzie holte tief Atem.

„Dann haben Sie allerdings viel Unglück in Ihren Ehen gehabt“, meinte er, und Morstels brummte etwas, das wohl eine Bestätigung sein sollte.

*

Nachdenklich reiste Mackenzie nach London zurück, und als er in Scotland Yard ankam, wartete Mona Stretelli bereits in seinem Büro auf ihn.

„Ich kann es Ihnen schon ansehen, daß Sie nichts erreicht haben“, sagte sie.

„Dann müssen Sie ja eine Gedankenleserin sein“, entgegnete er lächelnd. „Es steht bei mir fest – aber das sage ich Ihnen nur inoffiziell –, daß Morstels ein Lügner ist. Er mag ja auch ein Mörder sein, aber das ist noch nicht ganz erwiesen!“

„Glauben Sie, daß Sie etwas finden würden, wenn Sie einen Haussuchungsbefehl hätten?“

Mackenzie schüttelte den Kopf.

„Nein, das glaube ich nicht“, erwiderte er bedauernd. „Dieser Mann ist mehr als ein gewöhnlicher Verbrecher. Wenn er diese unglückliche Frau ermordet haben sollte –“

Er sah, daß sie bleich wurde und schwankte, und eilte zu ihr, um sie zu stützen.

„Es ist nichts“, sagte sie, aber ihr Gesicht nahm einen leidenschaftlichen Ausdruck an, und ihre Augen blitzten so, daß er erschrak. „Und ich schwöre Ihnen“, rief sie heftig, „daß dieser Mann nicht entkommen Soll. Er wird für seine Verbrechen zur Rechenschaft gezogen werden –“

Plötzlich brach sie ab, preßte die Lippen zusammen und reichte ihm die Hand.

„Ich werde Sie nicht wiedersehen.“

Mit diesen Worten verabschiedete sie sich von ihm. Am Nachmittag berichtete Mackenzie seinem Chef über den Fall, aber der hatte wenig Hoffnung, die Sache aufzuklären.

„Ich fürchte, wir können nichts tun. Natürlich begreife ich, daß die spanische Dame über den Verlust ihrer Schwester sehr aufgeregt ist. Aber häufig verschwinden Personen, besonders wenn sie – der Boheme angehören. Vielleicht taucht sie in kurzer Zeit in Monte Carlo auf.“

Mackenzie war nicht der Ansicht.

Vierzehn Tage lang sah er Mona Stretelli nicht, aber er las von ihr in der Zeitung. Es waren kostbare Juwelen versteigert worden, die einem Marquis gehörten, und sie hatte einen berühmten Ring mit einer Gemme gekauft, der früher im Besitz von Marie Antoinette gewesen war. In der Zeitung war besonders vermerkt, daß sie zweihundert Pfund dafür gezahlt hatte. In einer illustrierten Zeitschrift erschien sogar eine Abbildung des Ringes, und daraus ging hervor, daß er ein ganz besonderes Aussehen hatte und mit keinem anderen verwechselt werden konnte. Es wurde in den Blättern ausdrücklich erwähnt, daß der Ring eine außergewöhnliche Größe habe und sich wohl kaum als Schmuckstück für eine Frau eigne. Mackenzie wunderte sich, daß Mona Stretelli ihren Schmerz so schnell vergessen hatte und sich mit solchen Dingen tröstete.

Aber dann ereignete sich etwas Unvorhergesehenes. Sie kam nach Scotland Yard, ohne sich vorher anzumelden, und suchte Mr. Mackenzie im Büro auf. Er hoffte, daß sie ihm etwas Neues über den Fall mitteilen würde, aber er war entsetzt und sprachlos, als er den Grund ihres Besuches erfuhr.

„Mr. Mackenzie“, sagte sie, „ich habe Ihnen gegenüber Mr. Morstels verdächtigt. Das war nicht recht von mir. Mein Argwohn hat sich nicht bestätigt.“

Bestürzt sah er sie an.

„Haben Sie ihn denn kürzlich gesehen?“

Sie nickte, und das Blut stieg ihr in die Wangen.

„Ich werde ihn noch diese Woche heiraten“, erwiderte sie mit etwas unsicherer Stimme.

Ungläubiges Erstaunen drückte sich in seinen Zügen aus.

„Sie wollen ihn heiraten?“ fragte er atemlos.“ Aber Sie wissen doch, mit wem Sie es zu tun haben –“

„Ich fürchte, daß wir beide ein Vorurteil gegen ihn gefaßt haben“, entgegnete sie ruhiger. „Ich täuschte mich jedenfalls. Als ich ihn nachher näher kennenlernte, fand ich, daß er ein liebenswürdiger, faszinierender Charakter ist.“

„Das muß wohl der Fall sein“, sagte der Inspektor grimmig. „Aber sind Sie sich auch über das klar, was Sie tun?“

Sie nickte.

„Ja, ich werde ihn heiraten – wenn seine Scheidung bei Gericht erledigt ist. Ich besuche ihn jetzt für eine Woche. Seine Tante kommt auch, so daß noch eine ältere Dame im Haus ist. Ich sagte Ihnen ja, daß ich Sie nicht wiedersehen würde, und diesmal meine ich es wirklich.“

Dann verabschiedete sie sich kurz und ging. Gerade als sie sich der Tür zuwandte, fiel ihre Tasche zu Boden. Eilig hob Mona Stretelli sie wieder auf und ging hinaus. Beim Fallen hatte sich aber die Tasche geöffnet, und eine längliche, seidene Börse war herausgefallen. Inspektor Mackenzie entdeckte sie erst, als die Dame bereits gegangen war. Sofort öffnete er sie, da er glaubte, er würde eine Karte mit ihrer Pariser Adresse finden, aber er entdeckte nur eine Quittung, die ihn außerordentlich interessierte.

Ein paar Sekunden später wurde sie ihm wieder gemeldet. Allem Anschein nach hatte sie inzwischen ihren Verlust bemerkt.

„Ich weiß, warum Sie gekommen sind“, sagte Mackenzie, als sie mit feuerrotem Gesicht vor ihm stand. „Hier – ich fand die Börse vor ein paar Sekunden auf dem Boden.“

„Ich danke Ihnen vielmals“, erwiderte sie atemlos, und ohne ein weiteres Wort zu verlieren, drehte sie sich kurz um und ging rasch hinaus.

*

Am nächsten Morgen erhielt Mackenzie ein Telegramm von ihr, in dem sie ihm mitteilte, daß sie aufs Land ginge. Mackenzie hatte seine eigenen Gedanken über den Fall, aber vor allem beschäftigte ihn die Frage, was wohl Peter Morstels zu dem Ring von Marie Antoinette sagen würde.

Am zweiten Morgen nach der Abreise Mona Stretellis ging er zum Waterloo-Bahnhof, um die Leute genauer zu beobachten, die mit dem Zug nach Southampton reisten. Gerade an dem Tag fuhr ein großer transatlantischer Dampfer ab, für den viele Passagiere gebucht hatten. Deshalb war der Zug so überfüllt, daß die Eisenbahndirektion noch einen zweiten Zug folgen ließ.

„Ist doch merkwürdig, wieviel die Amerikaner reisen“, meinte der Stationsvorsteher, als er Inspektor Mackenzie erkannte. „Sehen Sie doch nur die alte Dame dort drüben.“ Er zeigte auf eine gebeugte Gestalt in tiefer Trauer, die sich mühsam an zwei Krücken den Bahnsteig entlangschleppte. „Es gehört doch allerhand dazu, daß eine Frau in so vorgerücktem Alter noch eine so lange Reise unternehmen will.“

„Ja, das ist wirklich außerordentlich“, antwortete Mackenzie leise.

Als er am Nachmittag in sein Büro kam, fand er einen befleckten, schmutzigen Briefumschlag vor. Die Adresse war mit Bleistift geschrieben.

Als er ihn öffnete, entdeckte er eine Visitenkarte von Mona Stretelli. Auf der Rückseite standen nur die wenigen Worte:

„Um Himmels willen, kommen Sie und retten Sie mich!“

Mackenzie ging mit dieser Nachricht zu seinem Chef und erstattete Bericht. Und von diesem Augenblick an wollte er nichts mehr mit der Sache selbst zu tun haben. Aber trotzdem wurde ihm der Erfolg zugeschrieben, den die Polizei später hatte.

„Aber Mackenzie, Sie müssen die Leitung des Falles übernehmen“, drängte der Chef.

Mackenzie ließ sich jedoch nicht erweichen, und so wurde schließlich Inspektor Jordan mit der ganzen weiteren Bearbeitung betraut.

*

Gegen Mitternacht kam Jordan zu dem Haus von Morstels. Er war bewaffnet und hatte sich einige Begleiter mitgebracht; der Chef hatte das angeordnet. Peter Morstels war nur halb angekleidet, als er die Haustür öffnete, und er wurde ein wenig bleich, als er sah, wer sein Besucher war.

„Wo ist Mona Stretelli?“ fragte Jordan kurz.

„Sie hat das Haus verlassen“, sagte Peter. „Sie ist gleich am selben Abend wieder fortgegangen. Meine Tante konnte nicht herkommen, und Miss Stretelli wollte sich nicht kompromittieren.“

„Sie lügen“, entgegnete der Detektiv kurz. „Ich werde Sie verhaften und dann das Haus genau durchsuchen.“

Die Durchsuchung ergab nichts, aber am Morgen verhörte Jordan die einzelnen Leute im Dorf und erfuhr verschiedenes, was die Lage Morstels' sehr gefährdete. Zwei Bauern waren von einem benachbarten Dorf zurückgekehrt und hatten dabei einen Weg benützt, der sie in der Nähe seines Hauses vorbeiführte. Und sie hatten den unheimlichen Schrei einer Frau gehört. Es mochte etwa neun Uhr gewesen sein, als dies passierte. Der Schrei kam deutlich aus der Richtung des Hauses. Sonst hörten sie nichts. Die Bauern kümmerten sich wenig um die Sache. Als Morstels später darüber ausgefragt wurde, gab er ohne weiteres zu, daß Mona Stretelli aus keinem besonderen Grunde plötzlich angefangen hatte, furchtbar zu schreien.

„Sie benahm sich wie eine Wahnsinnige. Man konnte sie kaum halten. Aber Sie können mich doch nicht verhaften, weil eine Frau hier geschrien hat? Ich ließ ihr eine Stunde Zeit, sich zu beruhigen. Dann ging ich zu ihrem Zimmer, klopfte an die Tür, erhielt aber keine Antwort. Als ich öffnete, war sie fort. Wahrscheinlich war sie durch das Fenster gesprungen, denn von dort aus konnte sie leicht die Straße erreichen."

„Die Geschichte macht aber einen ganz faulen Eindruck", sagte Jordan. „Ich bringe Sie jetzt zur Polizeiwache, während Ihr Anwesen durchsucht wird."

Man wühlte den Garten um, und am dritten Tag machte man eine große Entdeckung. In einer Tiefe von nicht ganz anderthalb Metern fand man einen Haufen halbverbrannter Knochen. Was den Fund für Morstels so gefährlich machte, war die Tatsache, daß man den halb verkohlten und zusammengeschmolzenen Ring Marie Antoinettes entdeckte!

Jordan kehrte nach London zurück und teilte Mackenzie sofort die Neuigkeit mit.

„Jetzt ist ja alles klar. Er hat wahrscheinlich die Leichen seiner ermordeten Frauen verbrannt. Ich habe auch einen großen Herd in der Küche entdeckt. Bei der Abgelegenheit des Hauses muß es ihm leichtgefallen sein, das zu tun, ohne daß andere Leute es merkten. Übrigens habe ich durch unseren Mediziner bereits feststellen lassen, daß es sich um Menschenknochen handelt."

„Es müssen deshalb aber noch nicht die Knochen Mona Stretellis sein", warnte ihn Mackenzie.

„Aber wir haben doch auch die Überbleibsel dieses sonderbaren Ringes gefunden. Das genügt doch wohl als Beweis!"

Während des langen Prozesses, der nun folgte, zeigte Morstels eine Kaltblütigkeit, die ihresgleichen suchte. Erst als das Todesurteil ausgesprochen wurde, brach er zusammen, aber er faßte sich bald wieder.

*

Am Morgen vor der Hinrichtung fuhr Mackenzie nach dem Gefängnis von Nottingham, um den Verurteilten noch einmal zu sprechen. Morstels hatte es selbst so gewünscht. Als der Inspektor in die Zelle kam, rauchte der Gefangene eine Zigarette und plauderte mit einem Wärter. Er nickte Mackenzie zu.

„Sie haben mir Unglück gebracht, aber ich werde Ihnen wenigstens noch ein Geständnis machen. Ich habe verschiedene Frauen umgebracht, im ganzen drei." Er zuckte gleichgültig die Schultern. „Ich habe sie alle in Beton eingemauert, und zwar in dem Fundament zu dem Anbau meines Hauses", fuhr er dann lachend fort. „Mona Stretelli habe ich aber nicht ermordet, darauf kann ich jeden Eid leisten. Es ist tatsächlich etwas hart für mich, Mackenzie, daß ich wegen eines Mordes gehängt werden soll, den ich gar nicht begangen habe."

Er dachte eine Minute nach.

„Ich möchte diese Mona Stretelli doch noch einmal wiedersehen und ihr gratulieren."

Mackenzie antwortete nicht. Er hatte an jenem Tag in Monas Tasche eine Quittung für eine Schiffspassage nach den Vereinigten Staaten gesehen, und um sich zu vergewissern, war er dann zum Waterloo-Bahnhof gegangen und hatte sie trotz ihrer guten Verkleidung erkannt. Sie war die alte Frau auf Krücken gewesen.

Am Abend nach ihrer vermeintlichen Ermordung befand sie sich an Bord eines Ozeandampfers und fuhr einer neuen Heimat entgegen. Sie hatte sich die halbverbrannten Menschenknochen in einem anatomischen Institut besorgt und auf Morstels' Grundestück zusammen mit dem Ring Antoinettes vergraben. Mackenzie hatte es gewußt, aber nichts davon gesagt und auch nichts getan, um die Sache aufzuklären. Sein Pflichtbewußtsein und sein Gerechtigkeitssinn waren in schweren Konflikt geraten, aber im ganzen war er über den Ausgang des Falles Stretelli höchst befriedigt.

Das Diamantenklavier

„Auf schwarzdunklem Moor oder felswildem Strand
Leg' ich mich nieder, wegmüd und krank.
Kalt wölbt sich der Himmel von West nach Ost,
Weder Mantel noch Decke schützt mich vor Frost.
Nur kaltfunkelnde Sterne halten still Wacht –
Wer weiß, wo ich ruhn werde in dieser Nacht!“

Wenn dies nicht Poggys Lieblingsballade gewesen wäre, würde Ferdie auch den Mund gehalten und nichts gesagt haben. Aber sooft sich Letty an den schönen Flügel setzte, mit ihren schlanken, weißen Händen über die Tasten fuhr, die Noten vornahm und sagte: „Ach, das mag ich nicht“, oder: „Das ist herrlich, aber ich kann es leider noch nicht richtig zum Ausdruck bringen", und schließlich den „Zigeunersang" spielte, konnte Ferdie einfach wütend werden. Er biß dann die Zähne zusammen, lehnte sich in seinem Sessel zurück und sagte das große Einmaleins vor- und rückwärts her, bis sie mit dem Stück fertig war. Natürlich hatte Poggy den „Zigeunersang" gedichtet und komponiert. Sein Name, E. Poglam Bannett, stand in großen Buchstaben quer auf der Vorderseite, und Poggy erhielt unglaublich hohe Summen als Tantiemen für diese Komposition. Zu den Ungläubigen gehörte auch Ferdie.

„Das ist doch einfach ein blödsinniges Gedudel", sagte Ferdie. „Dabei kann man sich doch überhaupt nichts Vernünftiges denken. Wie kann man nur so etwas sagen: „Wer weiß, wo ich ruhn werde in dieser Nacht!" Einen solchen Quatsch brauchst du doch nicht zu singen. Du weißt doch sehr gut, wo dein Zimmer ist!"

Letty ließ die Hand in den Schoß sinken. Am liebsten hätte sie ihm eine Ohrfeige gegeben.

Aber statt dessen nahm sie ein Buch, ging zum Bibliothekstisch hinüber, den ihr Vater im Wohnzimmer aufgestellt hatte, und setzte sich. Dann unterhielten sich die beiden miteinander. Aber es kam in den nächsten zehn Minuten zu einer scharfen Auseinandersetzung.

„Hoffentlich ist dir bewußt", erklärte Ferdie mit stockender Stimme, „daß du mein ganzes Leben zerstört hast."

Lettice Revel dachte darüber nach, dann runzelte sie die Stirn, verzog den Mund und überlegte sich, was sie ihm antworten sollte.

„Du spielst also auch den sehnsüchtigen Spanier?“ fragte sie schließlich.

Ferdie kannte die letzten Operetten nicht und wußte daher auch nichts von dem Schlager „Der sehnsüchtige Spanier“. Aber die Spanier waren im allgemeinen ein romantisches und melancholisches Volk, deshalb hatte er nichts gegen die Bezeichnung einzuwenden.

„Ja, ich glaube, daß die Spanier auch zu solchen Stimmungen neigen. Ich sage dir, Letty, wie ein dürrer, kahler Fels steht mein zerstörtes Leben in der Brandung des Weltalls. Du hast mich einfach vernichtet. Es ist, als ob ich von den rasiermesserscharfen Rädern des Schicksals zermalmt würde!“

„Ach, du meinst zu einer Art Frikassee? Das erinnert mich an Irish Stew“, erwiderte sie interessiert. „Weißt du, wir hatten eine greuliche Lehrerin für Kochen im Pensionat. Wir haben sie die „Zähe Dora“ getauft, weil sie immer –“

„Aber ein Mann darf doch mit Recht verlangen, daß eine Frau nicht mit nägelbeschlagenen Schuhen auf seinen heiligsten Gefühlen herumtrampeln wird, wenn sie seinen Ring angenommen und auf seine Frage erwidert hat, daß sie ihn liebt. Wenn ein Mann noch Prinzipien hat und es deshalb ablehnen muß, zu einer Gesellschaft zu gehen, in der sich ein schrecklich fetter kleiner Musiker mit schwarzen öligen Locken und Hundeaugen breitmacht, dann ist er vollkommen in seinem Recht. Dieser blöde Hammel von einem Komponisten will sich bloß interessant machen und denkt, er ist gescheit, wenn er dumme Witze erzählt, die er sich doch nur aus einer Zeitung ausgeschnitten hat ... Ja, da staunst du! Aber ich habe sie deutlich in seiner Brieftasche gesehen. Nein, dahin gehe ich nicht, und ich will auch nicht, daß du hingehst. Siehst du denn das nicht ein, Letty?"

Sie fuhr mit der Hand über die Stirn, die von schönen goldenen Locken umrahmt war, und lehnte sich resigniert zurück.

„Wer ist denn eigentlich der Mann, von dem du da immer redest? Dieser dicke, schwarzlockige Mann?"

„Selbstverständlich Poggy", entgegnete er empört.

„Aha!" sagte Letty ruhig und seufzte.

Sie sah Ferdie jetzt ernst an. Jede Linie ihres Gesichtes zeigte, daß sie sich der Wichtigkeit des Augenblicks wohl bewußt war. Sie hatte ihren Verlobungsring mit dem großen Brillanten vom Finger gezogen und neben sich auf den Tisch gelegt. Ferdie sah beunruhigt auf den Ring, dann auf sie.

„Es hat keinen Zweck, daß wir diese peinliche Unterhaltung noch fortsetzen", erklärte sie entschieden. „Ich mußte eben erleben, daß meine Ideale zusammenbrachen ..."

„Was soll das heißen? Zusammenbruch deiner Ideale? Das klingt fast wie ein Kinodrama von Liebe und Aufopferung."

„Sei ruhig – wir wollen uns trennen, ohne noch eine große Szene zu machen", erwiderte sie und reichte ihm die Hand. „Ich werde dich niemals vergessen, Reggie."

Er machte ein verzweifeltes Gesicht.

„Es hat gar keinen Zweck, dir noch zu sagen, daß ich Ferdinand heiße. Du hast dich schon genügend blamiert."

Wütend nahm er den Ring.

„Untersteh dich nur nicht, ihn ins Feuer zu werfen", warnte sie ihn, als er ihn anklagend hochhob.

„Da täuschst du dich aber sehr. Das Stück kostet hundertfünfundzwanzig Pfund. Abzüglich der zehn Prozent Nachlaß, die ich erhalten habe, weil ich den Direktor der Firma persönlich gut kenne. Meinst du, ich bin so blöde, daß ich ein solches Vermögen zum Fenster hinauswerfe? Ich wollte nur sehen, ob du den Ring verbogen hast! Aber du hast ihn wenigstens einigermaßen sorgfältig behandelt. Also, leb wohl, Letty."

Sie sah ihn so sonderbar an, daß er stehenblieb.

„Sag mal, willst du jetzt auf die Löwenjagd gehen?" fragte sie ironisch.

Er schaute sie stumm und verzweifelt an.

„Oder willst du dir ein Haus mitten in einer Fiebergegend von Zentralafrika bauen? Wenn du mir früher solche Geschichten erzähltest, habe ich sie geglaubt, Ferdie. Ja, ich habe sogar einmal einen großen Aufruf in die Zeitung gesetzt und an verschiedene Blätter geschickt, die in Zentralafrika gelesen werden, aber am selben Abend sah ich dich dann bei Chiro, wo du Molly Fettingham den neuesten Tango beibrachtest. Ferdie, bedenke, daß du hier zu einer Frau sprichst, die schwer gelitten hat."

„Das darfst du mir nicht vorwerfen. Ich versäumte damals den Dampfer."

„Natürlich. Du hattest ja genug damit zu tun, Mollys weit ausgeschnittenen Rücken zu bewundern. Ich kenne dich zur Genüge. Du gehst doch nicht fort, vor allem nicht nach Afrika. Morgen kniest du wieder hier zu meinen Füßen."

Sie zeigte auf die Teppichstelle vor sich, und Ferdie sah sich das Muster genau an.

Durch das offene Fenster kamen die sanften Klänge; der Kirchenglocken und der Weihnachtslieder. Eine Kapelle der Heilsarmee spielte an der nächsten Straßenecke. Ferdie erkannte sie an dem verstimmten hohen E der Ersten Trompete.

„Das ist also der Weihnachtsabend", sagte er bitter.

„Ja, heute ist der Vierundzwanzigste – wußtest du das denn nicht?"

„Und morgen ist der erste Weihnachtsfeiertag. Da hast du natürlich diesen Jüngling mit den Schweineschmalzlocken – deinen Poggy – hier. Dann kannst du ihm ja vorsingen: „Wer weiß, wo ich ruhn werde in dieser Nacht!", und du kannst dir die Seiten halten vor Lachen, wenn er seine kindlichen Witze erzählt, die nicht einmal auf seinem eigenen Mistbeet gewachsen sind. Leider geht heute abend kein Dampfer nach Asien, aber vielleicht denkst du später einmal daran, wenn ich fort bin, daß ich einsam in einer Kneipe sitze und mein Elend in Bier ertränke – ganz allein!"

„Sicher brauchst du niemand zur Unterstützung, wenn du Bier trinken mußt", entgegnete sie eisig. „Ferdie, ich wünsche dir ein fröhliches Fest. Es liegt ja kein Grund vor, warum wir nicht auch fernerhin gute Freunde bleiben sollen. Ich habe leider schon seit einiger Zeit erkannt und mich zu der Überzeugung durchgerungen, daß wir unserem Temperament nach nicht zusammenpassen. Und heutzutage haben sich die Zeiten geändert, eine Frau hat mindestens auch das Recht, sich ihre Freunde auszuwählen."

„Eine Frau!" sagte er und geriet wieder in Harnisch. „Weißt du noch, daß ich vor einem Jahr in den Weihnachtsferien jeden Tag hergekommen bin und mir die größte Mühe gegeben habe, dir Mathematik einzubleuen, damit du ein anständiges Schulzeugnis bekommst? Wer hat denn die halben Nächte hier gesessen, nur um dir gefällig zu sein und dir zu helfen?"

„Die Vergangenheit ist für mich tot", sagte sie würdevoll.

„Natürlich ... Was bist du doch für eine elegante, große Dame von Welt!"

Bisher hatte sie sich beherrscht und war ruhig geblieben, aber jetzt sprang sie auf. Sie hätte die große Dame von Welt weiterspielen können, aber die letzten Worte hatten sie doch zu sehr geärgert.

„Ferdie, jetzt machst du, daß du hinauskommst! Oder soll ich dem Butler klingeln, daß er dich hinauswirft?"

Ferdinand machte eine stumme Verbeugung. Diesen Zornesausbruch hatte er nicht erwartet, und für den Augenblick jedenfalls war er geschlagen.

„Ich will nur sagen –", begann er.

Sie ging zum Kamin, legte einen Finger auf die elektrische Klingel und sah ihn düster und doch zugleich neugierig an, denn sie war gespannt, was er jetzt tun würde.

Mr. Ferdinand Stevington trat auf die Straße hinaus und schlug den Kragen seines Mantels hoch. Es regnete ein wenig, und es wehte ein warmer Westwind.

Und nun stand Ferdie an dem schönen, schmiedeeisernen Zaun, der das Trottoir von dem Vorgarten trennte, und sah mit trüben Augen nach dem hellerleuchteten Fenster, hinter dem sie weilte. Er fühlte sich so unendlich einsam und verlassen, und er war wütend und aufgebracht über all die Leute, die es besser hatten als er, die nicht bei Wind und Wetter von Haus und Hof vertrieben wurden und ihm nicht einmal die Brotkrumen gönnten, die von ihren reichbesetzten Tafeln fielen.

Sein Chauffeur Nobbins brachte den eleganten Rolls-Royce geräuschlos und geschickt an die Bordschwelle des Gehsteigs.

„Nein, ich danke Ihnen, Nobbins; ich werde zu Fuß gehen“, sagte Ferdie mit zitternder Stimme.

„Es regnet aber.“

„Das habe ich noch gar nicht gemerkt“, erwiderte Ferdie und fluchte, als ihm im selben Augenblick ein Regentropfen ins Auge fiel. „Ich werde trotzdem gehen“, beharrte er.

Er trug elegante, schwarze Lackschuhe, und auf der Straße war es naß und schmutzig. Schon oft hatten sich selbst gesunde Leute eine tödliche Krankheit durch nasse Füße zugezogen; der Tod hatte sie hinweggerafft, und an ihrer Bahre knieten dann Frauen mit rotgeweinten Augen. Aber auch die bitterste Klage konnte Tote nicht auferwecken. Ferdie biß die Zähne zusammen und ging am Rinnstein entlang.

Die Kapelle der Heilsarmee an der Ecke der Duke Street spielte den schönen Choral: „Christen, erwacht!“ Das war allerdings etwas überflüssig, denn die meisten Christen in der Duke Street waren schon seit Stunden wach. Viele von ihnen tanzten nach den Klängen des Radios, und die Christen, die nach einem guten Abendessen und nach einem oder mehreren Likören in den Klubsesseln eingeschlafen waren, durften eigentlich nur vom Oberkellner oder vom Klubdiener aufgeweckt werden.

Aber in dieser feierlichen Stimmung zögerten selbst die Oberkellner, dieser Aufforderung der Heilsarmee nachzukommen.

Mit düsterem Ausdruck ging Ferdie weiter, und als die schöne Adjutantin der Heilsarmee ihm zaghaft die Sammelbüchse hinhielt, zuckte er nur wild die Schultern. Aber nach ein paar Schritten bereute er sein Verhalten, drehte sich um und gab reichlich. Dann kam ihm plötzlich ein Gedanke.

„Ach, würden Sie die Liebenswürdigkeit haben, mit Ihrer Kapelle nach dem Haus Nr. 74 zu gehen? Spielen Sie: „Wo wandert mein Herzliebster heut nacht.“ Ist das möglich?“

Sie sprach mit dem Trompeter, und die Sache wurde sofort arrangiert.

Mit leichterem Herzen setzte Ferdie seinen Weg fort. Seine Wohnung in der Devonshire Street kam ihm einsam und verlassen vor. Auf dem Tisch lag ein kleines Päckchen, das in Silberpapier eingepackt und mit einem blauen Seidenband zugebunden war. Als er es sah, sank seine Stimmung sofort wieder unter Null. Auf dem Kamin stand die Fotografie eines schönen Mädchens, aber er drehte ihr ostentativ den Rücken zu.

„Nobbins ist hier."

Der Diener wagte bescheiden, diese Äußerung zu tun.

„So, er ist hier? Dann lassen sie ihn nach Hause gehen und in den Schoß seiner Familie zurückkehren. Es ist heute Weihnachten – gehen Sie auch zu Ihrer Frau und zu Ihren Kindern!"

„Ich bin nicht verheiratet."

Ferdie wandte sich müde nach ihm um.

„Haben Sie keine Familie?"

Stephen war ein sehr ordentlicher, frommer Mann, und sein höchster Ehrgeiz bestand darin, eines guten Tages einen Posten bei der Inneren Mission zu erhalten. Er hatte doch seinem Herrn gesagt, daß er nicht verheiratet war. Wie konnte er da Kinder haben! Er sah ihn vorwurfsvoll an. „Wie könnte ich denn eine Familie haben?" sagte er sanft, aber doch entrüstet.

Ferdie setzte sich tief in einen Sessel.

„Stephen, was haben Sie morgen vor?"

Der Diener räusperte sich.

„Wenn Sie es gestatten, wollte ich gern den Morgengottesdienst im Heim für Findelkinder mitmachen. Am Nachmittag gehe ich mit verschiedenen Freunden zum Marylebone-Arbeitshaus und spiele dort den armen Leuten ein wenig vor. Ich bin nämlich sehr musikalisch."

„Ach, spielen Sie Harfe?"

„Nein, Saxophon. Das ist recht schwierig."

„Dann gehen Sie hin und spielen Sie. Tragen Sie etwas von der Festfreude auch zu diesen armen, vereinsamten Menschen."

Plötzlich richtete sich Ferdie auf.

„Sagen Sie, können Sie auch das Lied spielen: „Wo wandert mein Herzallerliebster heut nacht"?"

„Nein."

Ferdie zeigte nach der Tür.

Stephen verneigte sich und ging hinaus.

Morgen war Weihnachtsfeiertag. Alle Einladungen bis auf eine hatte er abgelehnt. Und diese eine ... Er lachte wild auf, so laut, daß man es draußen in der Dienstbotenstube hören konnte, wo Stephen und Nobbins Zigarettenbilder austauschten.

„Man muß an einem Weihnachtsabend vieles entschuldigen, Nobbins", sagte Stephen, während christliche Nächstenliebe aus seinen Augen leuchtete. Sie waren beide Mitglieder einer frommen Gemeinschaft, aber Stephen war der frömmere von beiden. „Sagen Sie, kommen Sie morgen in das Arbeitshaus von St. Marylebone?"

„Bin ich etwa auch besoffen?“ fragte der Chauffeur vorwurfsvoll.

Aber Ferdie war durchaus nicht besoffen, er war nicht einmal angeheitert. Er litt nur an gebrochenem Herzen. Es war vollständig zu Ende mit ihm. Sein Leben war zerstört, was sollte er noch damit anfangen? Ein Kind aus dem Feuer retten, wobei er sein Leben aufs Spiel setzte? Das Feuer mußte aber gerade in dem Haus ausbrechen, das Nr. 74 gegenüberlag. Rasieren brauchte er sich heute auch nicht mehr. Dann würde er einen Vollbart bekommen, zur See gehen, in weite Ferne, und später zurückkehren, schwarzbraun gebrannt von der Tropensonne. Ungewohnt des Verkehrs in der Großstadt würde er von einem Auto überfahren werden, nämlich von Lettys Zweisitzer. Und dann würden sie ihn aufheben und sterbend in das Haus Nr. 74 tragen. Wie würde Letty dann weinen! Er hörte schon ihren schrillen Aufschrei: „Ach, das ist ja Ferdie – was habe ich getan!“

Und wenn er dann als Seemann zurückkam, würde er immer tiefer und tiefer sinken, das heißt, sein in guten Aktien angelegtes Vermögen würde immer noch zehn bis zwölf Prozent bringen, das wurde nicht weiter davon betroffen. Davon konnte er ja im Augenblick absehen. Also, er würde immer tiefer und tiefer sinken, bis er schließlich im Armenhaus landete. Aber Stephen sank dann auch immer tiefer, bis er schließlich im Armenhaus im Zimmer nebenan wohnte! Dann konnte er ihm wenigstens morgens den Tee bringen und das Rasierwasser – nein, rasieren brauchte er sich ja nicht mehr, und dann würde er tagsüber auf den Straßen umherschleichen und Schnürsenkel und Streichhölzer verkaufen.

Und eines Tages würde Letty des Weges kommen, auch etwas von ihm kaufen und ihn bestürzt ansehen. Bleich würde sie werden und mit ersterbender Stimme ausrufen: „Ach, Ferdie, habe ich das getan? Oh, welches Unrecht von mir!"

Ferdie klingelte.

„Bringen Sie mir ein Glas Milch", sagte er, als Stephen kam.

„Warm oder kalt?"

Ferdie zuckte die Schultern.

„Das ist mir ganz gleich", sagte er und stöhnte. Er war in einer gefährlichen Stimmung.

Und heute war Heiliger Abend! Er erinnerte sich an eine Weihnachtsgeschichte, die er einmal gelesen hatte. Irgend jemand hatte sie geschrieben – ach, Dickens hieß er. Ferdie nickte. Er erinnerte sich genau, daß es Dickens war. Welch ein fabelhaftes Gedächtnis für Namen hatte er doch! Die Geschichte handelte von einem alten Filz, einem Menschenfeind, einem Kerl, der das Weihnachtsfest haßte, der mit Verachtung an den Schaufenstern und ganzen Reihen herrlicher Christstollen vorbeiging und nur höhnisch grinste, wenn er rotbackige Äpfel und Nüsse vor sich sah. Ein Mann, der sich nichts aus Plumpudding machte und den Tannenbaum verachtete. Ferdie gab ihm ganz recht. Was für einen Zweck hatte auch das alberne Getue? Wie hieß der Mann doch gleich? Gooch oder Groodge ... Scrooge! Jetzt wußte er es wieder. Ferdie konnte das Weihnachtsfest auch nicht mehr leiden. Er haßte alles, was irgendwie fröhlich oder heiter war.

Mühsam erhob er sich und drehte die Heizung ab, um die Temperatur im Zimmer herunterzubringen, so daß sie in Einklang mit seiner Stimmung kam. Stephen klopfte an die Tür, um sich zu verabschieden. „Frohe Weihnachten."

„Frohe Weihnachten", erwiderte Ferdie ironisch durch die Nase. Das hatte er früher nie getan, aber Scrooge sprach doch auch durch die Nase.

„Oh, haben Sie sich erkältet?" Stephen konnte sehr fürsorglich und väterlich sein.

„Nein, ich habe mich nicht erkältet! – Weihnachten! Löschen Sie das Feuer aus! Schließen Sie Brot und Butter fort! Tun Sie es ja, Stephen. Und wenn ein Bettler kommt, soll er nichts erhalten. Ihr Gehalt werde ich heruntersetzen – ich brauche Sie übrigens gar nicht mehr, nächste Woche können Sie gehen!"

Es schmerzte Ferdie, durch die Nase zu lachen; es war so, als ob es ihm nach Champagner aufstieße und sich die Luftblasen auf dem falschen Weg entfernen wollten, aber trotzdem lachte er.

Stephen ging zu dem Dienstbotenraum zurück.

„Nobbins", sagte er ernst, „wir wollen zusammen für unseren Herrn beten."

„Ja, wenn es nicht zu lange dauert."

Und so saß Ferdie in dumpfer Verzweiflung, während Stunde um Stunde verging. Um Mitternacht riß er das kleine Päckchen in dem Silberpapier an sich, zog die Schleife auf und wurde dann nachdenklich. Sorgsam glättete er das Silberpapier und drückte auf den Knopf des kleinen Etuis. Glitzernd und glänzend lag ein großer Diamant an einer Platinkette vor ihm auf dem blauen Plüsch. Das Ding hatte viel Geld gekostet. Und was würde Letty ihm auch schon dafür geschenkt haben? Höchstens eine Zigarettenspitze, einen Spazierstock oder einen Manikürkasten. Nun, das konnte sie jetzt Poggy schenken! Er biß die Zähne aufeinander, daß sie knirschten. Letty würde auch enttäuscht sein, wenn sie kein Geschenk bekäme. Aber nein, so durfte er nicht denken. Er mußte größer sein, erhaben über Kleinlichkeiten. Er mußte ihr das Geschenk noch zusenden und dann gehen. – Leise fortgehen! Wohin, wußte er selbst noch nicht. In irgendeine fremde, ferne Stadt, wo ihn niemand vermutete.

Aber wer würde sich dann noch um ihn kümmern? Er runzelte die Stirn. Stephen würde ihn sicher vergessen und bald einen neuen Herrn finden. Der Steuereinnehmer würde ihn schließlich auch vermissen, und das Finanzamt würde dann an seinen Rechtsanwalt schreiben. Und Letty ...? Die würde kaltherzig durchs Leben gehen. Sie wußte nicht, was sie an ihm verloren hatte. Ja, sie würde sich die Seiten vor Lachen halten, wenn ihr dieser Komponist, dieser Musiker, dieser gemeine Poggy einen abgedroschenen Witz erzählte, dieser blöde Kerl mit dem Affengesicht!

Stephen klopfte wieder an die Tür.

„Wann wünschen Sie morgen den Tee?“

Ferdie biß sich auf die Lippen.

„Es ist möglich, daß ich morgen früh gar keinen Tee trinken mag, Stephen. Ich weiß noch nicht, was ich tun werde. Vielleicht reise ich weit fort. Kümmern Sie sich nicht um mich. Hüten Sie die Wohnung. Mein Rechtsanwalt wird Ihnen das Gehalt weiterzahlen."

„Darf ich Ihnen die Post nachschicken?"

Ferdie seufzte vor Ungeduld.

„Ich bin wahrscheinlich längst tot, wenn die mich erreicht!"

„Sehr wohl. Gute Nacht, und ein frohes ... Gute Nacht."

Auf den Mann hatte er wenigstens Eindruck gemacht, das mußte Ferdie feststellen. Aber auf andere Leute würde er auch Eindruck machen. Er nahm das Kursbuch aus dem Bücherschrank und sah nach, wann der erste Zug nach Bournemouth fuhr.

Aber vor allem, er mußte das Päckchen für Letty noch zurechtmachen. Er mußte ihr auch etwas schreiben, nur ganz kurz selbstverständlich, aber sehr höflich – aber nicht zu höflich, nein, wegzuwerfen brauchte er sich nicht. „In treuer Freundschaft, Ferdinand Stevington." Oder: „Indem ich ein frohes Weihnachtsfest wünsche" – nein, das wäre doch zu kalt.

Er griff nach einem Briefbogen und seinem Füllfederhalter.

„Meine liebe Letty", begann er, aber dann nahm er schon ein neues Blatt, da er zu schlecht geschrieben hatte. „Meine liebe, gute Letty", begann er wieder. Weg damit!

„Meine teure Freundin! Diese Kleinigkeit" – ursprünglich hatte er schreiben wollen „diese teure Kleinigkeit", aber das ging doch nicht gut – „sende ich Dir mit meinen besten Wünschen ..."

Er durfte sie unter keinen Umständen fühlen lassen, daß sie an allem schuld war. Ritterlich mußte er sein.

„Ich fürchte, ich hübe mich Dir gegenüber sehr grob benommen – verzeih mir!! Ich mache eine weite Reise, und es wäre möglich, daß wir uns nicht wieder treffen –“

Er hielt inne und überlegte sich, ob er schreiben sollte „für einige Tage“. Aber dann kam er zu dem Schluß, daß es besser wäre, nichts Genaues über die Reise mitzuteilen. Es wäre auch zu grausam gewesen, falsche Hoffnungen zu erwecken.

„Ich habe Deinen Ring in einem versiegelten Umschlag in meiner Wohnung im Schreibtisch zurückgelassen. Er wird dann später mit all den anderen kleinen Andenken gefunden werden ... Schließlich war mein Leben doch nicht ganz umsonst. Wer weiß, wo ich ruhn werde in dieser Nacht?“

Sorgsam löschte er die Karte ab und las noch einmal jede Zeile aufmerksam durch. Wie würde ihr das Herz weh tun, wenn sie diese Worte sah! Zögernd legte er den Brief unter das länglich flache Etui und wickelte sorglich das Silberpapier und das blaue Seidenband darum. Dann steckte er alles in ein längliches Kuvert, schlich sich heimlich und leise zu Lettys Haus, öffnete die Klappe des Briefeinwurfs und ließ den Brief hineinfallen. Die Adresse war ganz schlicht gehalten: „An Letty von F.S.“

Er richtete sich auf und holte tief Atem. Er hatte etwas Großzügiges getan. Es war wirklich ein edler Akt der Selbstlosigkeit, das Geschenk war ebenso wertvoll wie der Schenkende. Ferdie wußte, daß er sich nicht falsch beurteilt hatte. Und doch ...

Ferdie saß wieder zu Hause in seinem Lehnsessel.

Und doch ...?

Hatte er sich in ihren Augen nicht zu sehr erniedrigt? War das nicht eine vollkommene Aufgabe seiner Persönlichkeit? War er nicht dauernd im Recht gewesen? Was hatte sie gesagt? Morgen würde er wieder auf dem bunten Teppich vor ihr knien? Er erinnerte sich noch genau an das Muster. Nein, das gab es nicht! Hätte er nicht besser nur eine einfache Weihnachtskarte geschickt? Dort stand noch eine auf dem Kamin. Seine Amme hatte sie ihm gesandt und nur eine gedruckte Visitenkarte zugefügt. Er nahm sie in die Hand und betrachtete sie genauer. Es war eine blaue Landschaft mit einem blauen Häuschen und einem weißen Mond. Boden und Dach waren mit weißem Flitter bestreut, der in dem Schein der Lampe glitzerte und leuchtete.

Aber dann biß sich Ferdie auf die Oberlippe. Am Ende würde sie ihn auslachen und bemitleiden, diesen armen Jungen, der sich so töricht benahm. Nein, so schnell durfte er nicht zu Kreuze kriechen!

Ferdie erhob sich und streifte die Pantoffeln ab.

Natürlich würde sie Poggy das alles erzählen ...

Schnell nahm er die Karte vom Kamin und schrieb darunter: „Frohe Weihnachten. F." Dann steckte er sie in ein Kuvert.

Irgendwo im Büfett mußte doch eine silberne Eiszange liegen, damit konnte man das Päckchen wieder aus dem Briefkasten herausfischen. Er war wirklich umsichtig, das Zeugnis mußte er sich selbst ausstellen, als er die lange Silberzange in die Manteltasche steckte.

„Wenn es darauf ankäme, würde ich ein gefährlicher Verbrecher werden“, sagte er müde und mit einem bitteren Lächeln.

Draußen hielt er ein Taxi an und fuhr nach Langham Place. Dort entließ er den Chauffeur und ging zu Lettys Wohnung. Es regnete immer noch, aber inzwischen war der Regen feiner geworden, und ein leichter Nebel hatte sich hinzugesellt. Um Weihnachten herrscht meistens solches Wetter in England.

Aus den Häusern tönte jetzt lustige Tanzmusik. Ohne es recht zu wissen, ging Ferdie im Takt den Bürgersteig entlang.

Eine nahe Turmuhr schlug zwei.

Das Haus Nr. 74 war vollkommen dunkel, als er an die Tür herantrat. Im nächsten Augenblick faßte er mit der Eiszange in den Briefkasten, zog ein Päckchen heraus, das ihm bekannt vorkam, und steckte es schnell in die Tasche.

„Hallo, was machen Sie denn hier?“

In seiner Aufregung ließ Ferdie die silberne Zange fallen, so daß sie klirrend aufs Pflaster fiel.

„Ach, ich bitte um Verzeihung“, sagte er. „Vergnügte Weihnachten.“ Etwas anderes fiel ihm im Augenblick nicht ein.

„Ja, und auch ein vergnügtes neues Jahr“, erwiderte der große Polizist, der geräuschlos auf ihn zutrat. „Sie kommen jetzt mit mir nach der Marylebone Lane.“

„Wenn Sie sich einbilden, daß ich um diese Zeit einen großen Spaziergang mache, dann haben Sie sich aber geschnitten! Im Sommer, bei Sonnenschein und Blütenduft;, blauem Himmel und weißen Wolken, ist das etwas anderes ...“

„Also, kommen Sie jetzt in aller Ruhe mit?“

Die Worte klangen drohend, und Ferdie wurde es nun doch seltsam zumute. Er hielt sich an dem eisernen Geländer fest.

„Sind Sie ein Polizist?“

„Ja, Sergeant M'Neill. Vorwärts, mein Junge, ich habe Sie schon eine ganze Weile beobachtet.“

Er packte Ferdie am Arm, und sie gingen beide die Straße entlang.

„Na, wo ist denn Ihr Spezel Lew?“ fragte der Beamte. Ferdie wußte nicht recht, was der Mann meinte.

Auf der Polizeistation sah er sich einem ärgerlichen Sergeanten gegenüber, der seinen Federhalter niederlegte und den Gefangenen erst einmal von Kopf bis Fuß musterte.

„Name?“

„Mein Name ... Smith?“

„So heißen alle Vögel, die hierherkommen. Vorname ist natürlich John oder William?“

Ferdie dachte angestrengt nach.

„Caractacus“, sagte er dann.

Der Sergeant sah ihn ironisch an.

„Adresse?“

„Buckingham Palace. Haha!“ Ferdie lachte ärgerlich.

Der Sergeant kannte solche Witze.

„Weigert sich, seine Adresse anzugeben – nun, wie lautet die Anklage?“

„Er hat einen Briefkasten bestohlen. Ich habe ihn auf frischer Tat ertappt, als er sich am Haus Nr. 74 mit Diebswerkzeug an dem Briefkasten zu schaffen machte.“

Der Polizist legte die Eiszange auf das Pult.

„Hat er etwas gestohlen?“

Nun kam auch noch das Päckchen auf den Tisch, und Ferdie kratzte sich das Kinn. Er hatte sein Geschenk doch in ein langes Kuvert gesteckt. Das war aber gar nicht sein Kuvert, und außerdem war es mit einem zinnoberroten Band zusammengehalten.

„Von Poggy für Letty“, las der Detektiv.

Ferdie taumelte zur Tür, aber der Polizist hielt ihn fest.

„Ein Diamentschmuckstück mit Smaragden in Form eines Klaviers“, sagte der Beamte hinter dem Pult.

„Ein ganz blöder Geschmack!“ rief Ferdie empört.

„Sollen wir jemand benachrichtigen, daß Sie verhaftet worden sind? Sie werden wahrscheinlich drei Tage hierbleiben müssen.“

„Ein Wort einer Frau könnte mich retten“, erwiderte Ferdie gebrochen. „Aber ich bin viel zu stolz, als daß ich sie darum bitte.“

Der Gefangenenwärter erschien in der Tür.

Ferdies Taschen wurden durchsucht; es kamen eine Brieftasche mit vielen Banknoten, ein goldenes Zigarettenetui und verschiedene andere Kleinigkeiten aus Gold oder Silber zum Vorschein.

„Na, da haben Sie ja heute einen guten Tag gehabt. Wo haben Sie denn all das Zeug zusammengeklaut?“ fragte der Sergeant. „Zelle 6, Wilkins ...“

Die Tür fiel nicht dröhnend zu – sie quietschte nur.

*

In der Familie Revel war es Sitte, daß am ersten Feiertag nach dem Abendessen die Geschenke verteilt wurden. Dann waren alle Geber zugegen, so daß man ihnen danken konnte, enthusiastisch – oder nur einfach und schlicht. Der Hausherr, George Palliter Revel, war Mitglied des Parlaments. Er zahlte für alles, und er würdigte auch alles. Lettice Giovanna Revel war seine Tochter; sie gab nur die Anordnungen und sagte, wer zum Abendessen eingeladen werden sollte und wer nicht. Allgemein war sie beliebt; es gab sogar junge Leute, die sie andichteten, auch wenn sie das Dichten nicht verstanden. Sie hatte einen schnellen und eleganten Sportwagen, einen Foxterrier und außerdem eine Fotografie von Douglas Fairbanks mit eigenhändiger Unterschrift. Die hatte sie in Gold rahmen lassen, denn sie liebte die starken Männer, die Charakter hatten und nicht zuviel sprachen, Helden, die junge Damen auf ihre kräftigen Arme nahmen und mit ihnen durch hochgewölbte Buchenwälder schritten. Ferdie hatte sie zwar noch niemals so getragen, höchstens in übertragenem Sinn. Sie liebte ihn, wie eine Mutter ihr hilfloses Kind liebt.

Beim Abendessen sagte sie das auch.

„Ferdie ist nicht hier, Papa, weil ich ihm gesagt habe, er möchte nicht kommen."

„Aber, mein Liebling, ich dachte, daß ihr beide ..."

Sie lächelte nachsichtig.

„Es war nur eine Jugendfreundschaft."

Mr. Revel rieb sich das linke Ohr.

„Wie alt bist du jetzt, Letty?"

„Etwas über neunzehn und eine erwachsene junge Dame. Manchmal vergißt du das, Papa. Meine Zuneigung zu Ferdie ist rein mütterlich."

„Ach so", erwiderte Mr. Revel milde.

Er hatte sogar einmal einen Ministerposten bekleidet, weil alle Leute ihn für freundlich und gut hielten.

„Ja, und nun die Geschenke", sagte Mr. Revel dann.

Poggy Bannett wurde melancholisch und traurig.

„Letty, Sie wissen ja, warum mein Geschenk nicht hier ist. Dieser verdammte Einbrecher hat es doch gestohlen. Ich war schon den halben Tag auf der Polizeistation, um den gestohlenen Gegenstand zu identifizieren, aber sie haben nicht gestattet, daß ich ihn herbringen konnte."

„Ach, Poggy, das war wirklich nett von Ihnen, aber es wäre mir viel lieber gewesen, wenn Sie mir eine Ihrer herrlichen Kompositionen mit einer persönlichen Widmung überreicht hätten. Ich kann eigentlich diese kostbaren Weihnachtsgeschenke nicht leiden, sie sind so ... Nun, Sie verstehen mich schon."

Poggy nickte. Er hatte ein hageres Gesicht und eine scharfe Adlernase.

„Von Ferdie kann man natürlich nichts erwarten, der dürfte es auch gar nicht wagen –"

Dann fiel ihr Blick auf seinen Briefumschlag, und sie runzelte die Stirn.

„Wenn er mir die Pfeife zurückgeschickt hat, die ich ihm zum letzten Weihnachtsfest schenkte, dann soll er etwas erleben!" Sie riß das Papier auf und holte tief Atem. „Ach, wie wundervoll! Aber das hätte er doch nicht tun sollen! Das sieht ihm wieder ganz ähnlich, Papa. Er hat einen so feinen Geschmack!"

Mr. Revel sah auf das kleine Preisschildchen, das Ferdie nicht abgenommen hatte, und rechnete dann schnell aus, wieviel zehn Prozent von fünfundneunzig Pfund ausmachten.

„Um Himmels willen!"

Poggy sah, daß ihre Lippen bleich wurden. Ohne noch ein Wort zu sagen, schob sie ihm den Brief zu.

„Ach, das ist doch alles Blödsinn", sagte Poggy brutal. „Der hat sich doch nur, dem geht es gut. Denken Sie nur ja nicht ... Ach, das ist ja zum Lachen! Solche Witze hat er früher auch schon gemacht."

„Wenn Ferdie sagt, daß er etwas tun will, dann tut er es auch", erklärte sie bestimmt.

„Was sagst du, mein Liebling?"

Mr. Revel setzte den Klemmer gerade auf.

„Ferdie hat vielleicht Selbstmord verübt!" sagte sie atemlos.

„Aber das wäre ja furchtbar", entgegnete Mr. Revel und nahm den Klemmer wieder ab. Er fragte nicht weiter; schon den ganzen Tag hatte er das Gefühl gehabt, daß es einen interessanten Abend geben würde.

„Ach, Quatsch!" rief Poggy erregt. „Und was fällt dem Jungen ein, meine Verse abzuschreiben! Wo werde ich ruhn in dieser Nacht! Das ist ja direkt ein Plagiat!"

Letty holte tief Atem. Ja, es gab noch ritterliche Charaktere!

„Wo mag er jetzt nur sein?"

Der Autor von „Wo werde ich ruhn in dieser Nacht?" lächelte verächtlich.

„Ich weiß einen neuen Witz", begann er dann. „Ein Südamerikaner fragt einmal einen Iren –"

„Ach, lassen Sie doch Ihre dummen Witze, die Sie aus Ulkblättern ausschneiden", erwiderte sie eisig. „Ich habe sie etwas ganz anderes gefragt."

„Sie haben mich gefragt, wo er ist", entgegnete der Komponist etwas beleidigt. „Das kann ich Ihnen leicht sagen. Der sitzt in seiner Wohnung und spielt die gekränkte Leberwurst. Ich gehe die höchste

Wette darauf ein. Es ist eigentlich ein Skandal, daß er alle Leute so in Aufregung bringt."

Erregt erhob er sich.

„Ich gehe hin und hole ihn! Mit meinen bloßen Händen werde ich ihn aus seinem Versteck herauszerren! Mir kann er nichts vormachen. Mein Freund Cruthers hat eine Wohnung in derselben Etage. Warten Sie nur, ich werde bald mit ihm zurückkommen."

Damit eilte er aus dem Zimmer. Mr. Revel hatte nicht recht zugehört und fuhr aus seinen Träumen auf.

„Ja, und dann wird noch eine Totenschau abgehalten werden müssen", sagte er und schaute zur Decke hinauf. „Nur ein Glück, daß ich nicht als Zeuge auftreten muß."

Sie sah ihren Vater schmerzlich an.

„Aber Papa, wie kannst du so etwas sagen! Ferdie war so bescheiden, niemand hat er sich aufgedrängt. Der würde doch niemals zugeben, daß man dich mit dergleichen belästigt!"

*

Mr. Cruthers, Poggys guter Freund und Schulkamerad, kleidete sich gerade zum Abendessen um, als ihm Poggy gemeldet wurde. Für gewöhnlich stand er früh auf, aber heute war kein Rennen, und es erschienen auch keine Zeitungen. Infolgedessen gab es auch keinen Skandal in der Welt, und Mr. Cruthers hatte ruhig und bequem bis sieben Uhr abends durchgeschlafen.

„Nein, Ferdie habe ich nicht gesehen. Sein Diener sagte mir, daß er verreist sei. Seit gestern abend hat man ihn nicht mehr gesehen."

„Und das glaubst du? Der sitzt doch nur zu Hause und brummt. Seine einzige Beschäftigung ist ja, daß er übelnimmt. Ich habe an seine Tür geklopft, aber er hat nicht einmal geantwortet. Selbstverständlich wird er sich hüten, mir die Wohnungstür aufzumachen, aber ich werde dir etwas sagen. Ich steige aus deinem Fenster, klettere die Feuerleiter entlang und überzeuge mich einmal persönlich."

„Also, mach das Fenster jetzt nicht auf, das zieht – und ich ziehe mir gerade die Unterhosen an. Du wirst doch wohl so lange warten können. Ich erkälte mich sonst."

Poggy setzte sich mit verschränkten Armen auf einen Stuhl und machte ein Gesicht wie Napoleon in der Schlacht bei Austerlitz.

„Ich kann natürlich warten", erklärte er stolz.

Erst als sein Freund beinahe angekleidet war, öffnete er das Fenster und kletterte an der Feuerleiter entlang. Das Fenster zu Ferdies Schlafzimmer stand oben offen. Schnell stieg er auf die äußerste Fensterbank, faßte mit dem Arm hindurch und öffnete den unteren Flügel von innen.

„Ferdie, mein Junge!" rief er. „Mit deinem Trotzkopf kommst du bei uns nicht durch. Also komm, mein Liebling. Mach keine faulen Witze!"

Tiefes Schweigen herrschte in der Wohnung. Er drehte das Licht an und fand das Schlafzimmer in Ordnung. Er öffnete die Schränke, aber auch hier hatte sich Ferdie nicht versteckt.

Das Speisezimmer war aufgeräumt. Ferdies Pantoffeln standen vor dem Kamin, auf dem Tisch lag ein ganzer Stapel von Briefschaften aufgehäuft, wie das zu Weihnachten üblich ist. Poggy ging ins Arbeitszimmer, wo Ferdie immer die Sportberichte las. Auch im Bad war er nicht – nun blieben nur noch der Hängeboden, das Dienerzimmer und die Speisekammer übrig, aber die waren ebenso leer wie die Küche.

Auf dem Kamin im Speisezimmer stand die Fotografie einer Dame von etwas über neunzehn Jahren und darunter eine Widmung geschrieben. Poggy las sie, und die Haare standen ihm zu Berge, denn die Widmung war durchaus nicht mütterlich. Und nun fühlte er sich getäuscht und verraten, denn eine junge Dame, die auf eine Fotografie schreibt: „Dein für ewig, mein Liebster“, hatte sonderbare Ansichten über mütterliche Liebe. Böse packte er das Bild. Er wollte es mitnehmen und es ihr direkt unter die Nase halten. Auf keinen Fall durfte es Ferdie behalten, der war dieses Geschenks nicht würdig. Außerdem war die Ewigkeit auf dem Bild doch jetzt ausgeträumt.

Er drehte das Licht sorgfältig überall wieder aus, öffnete das Fenster und kletterte hinaus. Als er an Mr. Cruthers' Fenster kam, war das Licht dort auch gelöscht und das Fenster fest geschlossen. Sein Freund hatte wahrscheinlich angenommen, daß Poggy Ferdies Räume durch die Wohnungstür verlassen würde.

Einen Augenblick überlegte Poggy. Schließlich konnte er die Feuerleiter gebrauchen. Kurz entschlossen kletterte er hinunter und sprang dann die letzten beiden Meter auf den Hof. Ein interessierter Zuschauer trat aus der Dunkelheit.

„Frohes Fest“, sagte der Fremde. „Wollen Sie einen kleinen Spaziergang mit mir machen?“

„Nein, fällt mir gar nicht ein. Ich kenne Sie nicht, und ich will Sie auch nicht kennenlernen. Guten Abend.“

Der Mann packte ihn am Arm.

„Ich bin Sergeant M'Neill von Scotland Yard und verhafte Sie wegen Einbruchs und unbefugten Eindringens in fremde Wohnungen.“

Geistesgegenwärtig zog Poggy die gerahmte Fotografie aus der Tasche und ließ sie auf den Boden fallen.

„Danke“, sagte M'Neill. „Da haben wir ja den Beweis.“ Er bückte sich und hob das Bild vom Boden auf. „Sie sammeln wohl Kunstschätze? Ich habe Sie schon zwei Stunden lang beobachtet. Wo ist denn Ihr Freund Ike? Ich habe ihn seit Jahren nicht gesehen.“

Auf der Station wieder dasselbe Verhör:

„Smith“, sagte Poggy etwas bleich, aber entschlossen. Die Sache mit der Fotografie war allerdings fatal, hatte aber ein Gutes. Sergeant M'Neill, der ihn den ganzen Vormittag dadurch geärgert hatte, daß er die Diamant- und Smaragdbrosche mit dem Klavier identifizieren sollte, hatte ihn glücklicherweise nicht erkannt. Und der Sergeant vom Dienst war inzwischen abgelöst worden.

„Vorname John oder William?“

„Haydn“, erwiderte Poggy, denn er war musikalisch.

Der Gefängniswärter untersuchte seine Taschen und zählte Stück für Stück auf, was er bei ihm fand. Poggy riß sich zusammen.

„Schließlich können Sie es ruhig wissen“, sagte er dann. „Mein Name ist Bannett, und ich bin der Komponist des herrlichen Liedes „Wer weiß, wo ich ruhn werde in dieser Nacht“.“

„Zelle sechs!“ erklärte der Stationssergeant.

Ferdie hörte, wie sich der Schlüssel im Schloß drehte. Dann öffnete sich die Tür.

Interessiert richtete er sich auf, und Poggy sackte zusammen, als er ihn sah.

„Ferdie ...! Sie hier!“

Ferdie war nicht weiter erstaunt.

„Setzen Sie sich ruhig hin, Poggy. Das ist ja zum Totlachen. Warum sind Sie denn verhaftet worden? Haben Sie jemand umgebracht?“

*

„Das ist heute der zweite Fall“, sagte der Richter erregt und ärgerlich. „Und auch diesmal ist der Bestohlene seiner Pflicht nicht nachgekommen und vor Gericht erschienen, um sein Eigentum zu identifizieren. Weder Mr. Stevington noch Mr. Bannett haben es für nötig gehalten, das Gesetz und die Polizei zu unterstützen. Den anderen habe ich auf ein Monat ins Gefängnis geschickt, und Sie bekommen auch einen Monat. Und ich warne Sie ...“

Einen Monat später wurden beide am selben Morgen aus dem Gefängnis von Pentonville entlassen. Ferdie kam zuerst heraus, und im Laufschritt eilte er zu dem einzigen Auto, das weit und breit zu sehen war. Und als sich Poggy später bei Letty melden ließ, erhielt er die Antwort, daß sie im Augenblick nicht zu sprechen sei. Über eine Stunde wartete er im Vorsaal, und sie war immer noch nicht zu sprechen. Der Diener sagte mitleidig, es würde wohl auch noch eine ganze Weile dauern, er solle sich noch etwas gedulden.

Inzwischen ruhte Lettys goldener Lockenkopf an Ferdies Schulter.

„Erzähle doch weiter, es ist so interessant", flüsterte sie und sah gespannt zu ihm auf.

„Und zwei Abend später kam ich in Konstantinopel an. Die Welt war grau, und die Verzweiflung zerriß mir das Herz. Ich wußte, daß ich die verloren hatte; Sonne und Licht meines Lebens waren erloschen. Das Dasein hatte keinen Zweck und keinen Sinn mehr für mich. Sollte ich nun in die Wüste eilen und dort unter den sengenden Strahlen der unbarmherzigen Sonne in Durstesqualen sterben?"

„Hättest du mir doch nur ein Telegramm geschickt!" erwiderte sie atemlos. „Als Poggy nicht zurückkam, wußte ich, daß er es nicht wagte, dir unter die Augen zu treten. Ach, mein guter Junge, bist du wirklich in die Wüste gegangen? Ich habe ja nicht im Traum daran gedacht, daß du dir tatsächlich das Leben nehmen wolltest. Aber nun gib mir ein Versprechen. Du darfst nie wieder fortgehen, ich könnte es nicht ertragen. Woher kommst du denn jetzt?"

„Aus Pentonvillia – das ist eine Vorstadt von Rom“, entgegnete Ferdie. „Ja, wie ich sagte, in meiner Verzweiflung wollte ich unter die Derwische gehen ...“

*

„Glauben Sie, daß es noch Zweck hat?“ fragte Poggy den Diener.

Der Diener meinte es ehrlich und schüttelte den Kopf.

Die Rücklehne des Sofas im Wohnzimmer befand sich gerade dem Schlüsselloch gegenüber.

Doktor Kay

An einem schönen, hellen Nachmittag verließ der Schnellzug nach Eastbourne den Victoria-Bahnhof. Mary Boyd saß in einem Abteil Erster Klasse, aber sie hatte keinen Sinn für die Schönheit der Gegend und für den herrlichen Sonnenschein. Ebensowenig sah sie ihren Mitreisenden. Fast eine Stunde lang war er in die Lektüre seiner Zeitung vertieft und schien sich nicht im mindesten um die junge Dame zu kümmern.

Als der Zug geräuschvoll durch Three Bridges fuhr, schaute sie zufällig auf und begegnete seinem Blick. Der Mann war schlank und hager und mochte etwa vierzig Jahre zählen. An den Schläfen waren seine Haare leicht ergraut, aber sonst tiefbraun. Er trug sie aus der Stirn zurückgebürstet; im übrigen sah er aus wie ein erfolgreicher Kaufmann. Sein Anzug verriet, daß er Geschmack besaß und sich mit Sorgfalt zu kleiden wußte.

Mit einem Blick hatte sie sich ein Bild von ihm gemacht, von der Perlennadel in seiner Krawatte bis zu den Spitzen seiner tadellosen Lackschuhe. Und damit wäre wahrscheinlich auch ihr Interesse erloschen, wenn sie nicht durch den Blick der tiefen, dunklen Augen fasziniert worden wäre.

Nur eine Sekunde schaute sie ihn an, dann errötete sie leicht und sah zum Fenster hinaus.

„Sind Sie nicht Miss Boyd?"

Seine Stimme klang lief und melodisch und hatte einen äußerst sympathischen Klang.

Verwirrt sah sie ihn an und wußte nicht, was sie davon halten sollte. Argwohn, Verdacht, Scheu und Trotz drückten sich in ihrem Blick aus.

„Ja, ich bin Miss Boyd", sagte sie dann ruhig und überlegte, ob sie ihm schon einmal begegnet wäre. Sie konnte es sich kaum denken, denn sicher hätte sie sein ausdrucksvolles Gesicht nicht vergessen.

„Ich bin Dr. Kay vom Innenministerium", stellte er sich vor.

„Dr. Kay?" erwiderte sie überrascht. Sie erinnerte sich jetzt undeutlich an ihn. Frank mußte den Namen öfter erwähnt haben.

„Ich habe das Ende der Verhandlung nicht abgewartet", fuhr er fort, „und eben den Spruch der Geschworenen in den Zeitungen gesucht. Es war doch ...?"

Sie nickte und preßte die Lippen aufeinander. Eine Träne blitzte in ihrem Auge. Bertram Boyd war gerade kein idealer Vater gewesen; durch seine Schwäche hatte er sich seiner Familie immer mehr entfremdet. Seine Frau hatte aus Gram darüber einen frühen Tod gefunden, und doch hatte Mary Erinnerungen an ihre Jugend, die sie nicht missen mochte. Sie stammten aus der Zeit, in der er noch nicht getrunken hatte. Damals war er ein gutmütiger, freundlicher Mann gewesen, hatte sie als kleines Mädchen auf seinen Schultern durch den Garten getragen und mit ihr gespielt.

Nun wußte sie auch, wo der Fremde sie gesehen hatte, und woher er ihren Namen kannte. Bei dieser traurigen Verhandlung, bei der zwölf Geschäftsleute als Geschworene auftraten und sich dabei zu Tode langweilten, sollte festgestellt werden, auf welche Weise Colonel Bertram Boyd seinem Leben ein Ende gemacht hatte. Man konnte es ja schließlich verstehen, daß diese Leute es als reine Zeitvergeudung auffaßten, denn ein entsetztes Mädchen hatte den alten Colonel eines Morgens mit einer Gasvergiftung in der Küche gefunden, und zwar in dem Haus von Sir John Thorley, dem Schwager des Verstorbenen.

„Ich habe der Verhandlung beigewohnt", sagte der hagere distinguierte Herr. „Ich wundere mich nur ... Ich weiß wohl, daß es Ihnen schmerzlich ist, wenn ich über diese Dinge spreche, aber vielleicht sagen Sie mir doch, ob ihr Vater früher jemals die Absicht geäußert hat, seinem Leben ein Ende zu machen. Mir können Sie das ja ruhig sagen."

Sie zögerte, und er wußte sehr wohl, daß sie nicht mehr über die Tragödie sprechen wollte, die ihr Leben beschattete. Und doch waren seine Augen ebenso zwingend wie freundlich. Er schien tiefes Mitgefühl zu haben, aber dann sagte sie sich, daß er als Amtsarzt schon soviel erlebt und gesehen haben mußte, daß ihm die einzelnen Fälle kaum noch nahegehen konnten.

„Ja, manchmal ... er hat immer stark getrunken, und seit dem Tod meiner Tante – Sie wissen, der Lady Thorley – litt er sehr unter Depressionen. Deshalb hat ihn mein Onkel John zu sich in die Stadt genommen. Er hoffte, daß ein Wechsel der Umgebung und neue Lebensinteressen ihn vielleicht etwas ablenken könnten. Aber soviel ich weiß, hatte die neue Umgebung nicht den geringsten Einfluß auf ihn. Erst einen Tag vor der Katastrophe erhielt ich einen Brief von Sir John, in dem er mir mitteilte, daß sich mein armer Vater in seinen Wesen vollkommen geändert hätte."

„Aber hat Ihr Vater Ihnen gegenüber jemals eine derartige Absicht geäußert? Hat er Ihnen einmal gesagt: „Ich bin lebensmüde", oder so etwas Ähnliches?"

Sie schüttelte den Kopf.

„Nein, aber er hat es zu Onkel John gesagt. Das kam doch bei der Verhandlung deutlich zutage."

Dr. Kay schwieg. Er hatte sich in seine Ecke zurückgelehnt. Jetzt runzelte er die Stirn und sah zu Boden.

„Ich wünschte, ich hätte die Verhandlung bis zu Ende gehört, aber unglücklicherweise hatte ich eine Verabredung und konnte deshalb nicht bleiben. Ist sonst noch etwas im Zimmer Ihres Vaters gefunden worden?"

Wieder schien sie nur ungern zu antworten. „Zwei Flaschen Whisky – eine war leer, die andere ging stark zur Neige."

„War er vollkommen angekleidet, als man ihn fand?"

„Ja, er hatte nur keine Straßenschuhe an. Schon früher am Abend hatte er Hausschuhe angezogen. Der Kammerdiener Sir Johns hat ja als Zeuge ausgesagt, daß mein Vater in Pantoffeln am Tisch saß, als er ihn zuletzt in seinem Zimmer sah."

„Können Sie mir vielleicht sagen, welche Art von Hausschuhen er trug?"

Sie machte eine müde Bewegung, und er merkte wieder, daß ihr alle diese Fragen sehr unangenehm waren.

„Einfache Pantoffeln, in die man einfach hineinschlüpft und die hinten ganz offen sind. Es tut mir sehr leid, Dr. Kay, daß ich unhöflich sein muß, aber ich möchte diese Unterhaltung nicht fortsetzen."

Er nickte ernst.

„Ich verstehe Sie vollkommen, Miss Boyd. Glauben Sie mir bitte, daß ich nicht aus reiner Neugierde frage. Ich bin ja schließlich auch unverzeihlich aufdringlich, denn ich hätte alle diese Dinge selbst herausbringen können, ohne Sie zu fragen. Übrigens kannte ich Ihre Tante. Sie war immer kränklich. Wenn ich mich recht entsinne, starb sie an Scharlachfieber. Es ging auch ein Gerede, daß sie ein Einbrecher so sehr erschreckt haben sollte... Wohnen Sie eigentlich in Eastbourne?"

Sie erzählte ihm, daß ihr Vater dort ein großes Haus besaß, und nun sprach er begeistert über die landschaftlichen Schönheiten von Sussex. Er selbst stammte auch aus dieser Gegend, und für ihn gab es kein schöneres Land auf der weiten Welt. Früher einmal hatte ihm dort eine Villa gehört, aber sie war durch Feuer zerstört worden.

„Haben Sie Ihr Haus denn nicht wieder aufgebaut?“

Er schüttelte den Kopf.

„Nein. Diesmal gehe ich nach Eastbourne, weil ich dort zu tun habe.“ Er sagte jedoch nichts weiter über den Zweck seines Besuches.

*

Frank Hallwell, ein großer, hübscher Mann, erwartete Mary Boyd auf der Station, und in der Wiedersehensfreude vergaß sie ganz, sich von ihrem Reisebegleiter zu verabschieden.

„Es war nicht recht von mir, Liebling, daß ich dich allein nach London fahren ließ“, sagte der junge Mann, als sie ihren Arm in den seinen legte. „Ich hätte mich um dein Verbot nicht kümmern sollen. Gott sei Dank ist die unangenehme Verhandlung nun vorüber.“

Sie seufzte.

„Wir wollen nicht mehr darüber sprechen“, erwiderte sie. Dann sah sie Dr. Kay noch einmal, als sich die Reisenden dem Ausgang zudrängten.

„Kennst du ihn?“ fragte sie interessiert. „Ich meine den Mann dort – er ist mit mir im selben Abteil gefahren.“

Frank Hallwell folgte der Richtung ihres Blickes.

„Ach, das ist ja Killer Kay!“

„Killer Kay?“ wiederholte sie erstaunt. „Ich wußte wohl, daß er Kay heißt..., aber warum nennt man ihn denn Killer?“

Frank war ein junger Rechtsanwalt, der augenblicklich bei der Staatsanwaltschaft arbeitete. Selbstverständlich kannte er den Arzt sehr gut.

„Sie nennen ihn im Innenministerium Killer, weil durch ihn mehr Leute an den Galgen gekommen sind als durch drei andere tüchtige Detektive. Es gibt keinen Verbrecher in ganz England, dem er nicht unter diesem Namen bekannt ist; er ist einer der größten Spezialisten, was Verbrechen und Verbrecher anbetrifft.“

Sie schauderte.

„Ich vermute, daß er hierhergekommen ist, um den Mord an der Küste aufzuklären, über den alle Leute sprechen. Ich wünschte nur, ich hätte ihn getroffen“, fuhr er begeistert fort, „dann hätte ich dich vorgestellt.“

„Aber Frank, bitte ...“

Es tat ihm sofort leid, er hatte im Augenblick nicht an ihre trübe Stimmung gedacht.

*

Frank Hallwell lebte mit seinem Vater in einem Haus, dessen Garten direkt an den des verstorbenen Colonels Boyd grenzte.

Er hatte den zweiten Abend nach ihrer Rückkehr mit ihr zusammen verbracht und trank gerade noch einen Whisky-Soda, als ihm der Mann gemeldet wurde, nach dem er die beiden letzten Tage vergeblich Ausschau gehalten hatte.

„Das ist aber eine angenehme Überraschung“, sagte er und half dem Besucher, den Regenmantel abzulegen.

Draußen im Kanal herrschte ein furchtbarer Sturm, und der Regen wurde prasselnd gegen die dichtverhängten Fenster getrieben.

„Ich wußte ja, daß Sie hier in der Gegend sind, und ich habe mich schon nach Ihnen umgesehen. Sie kamen mit Miss Boyd hierher – ich bin mit ihr verlobt.“

Killer Kay sah ihn freundlich an.

„Wenn ich gewußt hätte, daß Sie der Verlobte Miss Boyds sind, hätte ich Sie schon vorgestern aufgesucht. Ich habe erst heute abend davon erfahren.“

Er begleitete Hallwell in dessen Arbeitszimmer, nahm eine der Zigarren, die ihm der junge Rechtsanwalt anbot, und setzte sich dann bequem in den großen Lehnsessel.

„Ihr Tod war nur ein Unfall“, sagte er. „Ich habe Versuche angestellt ...“

„Wen meinen Sie denn?“ fragte Frank erschreckt.

„Ich meine das Mädchen an der Küste ..., es tut mir leid, daß ich Sie erschreckt habe.“ Kay lächelte über Franks Aufregung. „Die Polizei hier war fest davon überzeugt, daß das Mädchen ermordet wurde. Der junge Mann, den sie verhaftet haben, schwört, daß der Stein oben vom Rand der Klippe fiel. Niemand hat gesehen, daß Steine von der Klippe herunterfallen, aber es kommt tatsächlich vor. Vor einer Stunde wäre ich beinahe selbst von einem solchen Stein erschlagen worden. Es war ein Liebespaar, und die beiden hatten, wie sie glaubten, einen geschützten Platz am Fuß der Klippe gefunden. Das wurde für das junge Mädchen zur Todesursache."

„Also ist der junge Mann unschuldig?"

„Zweifellos. Ich habe die Tote genau untersucht..., aber darüber wollte ich eigentlich nicht sprechen. Wie geht es denn Sir John?"

„Ach, meinen Sie Thorley? Hat man Ihnen erzählt, daß er krank war? Er kam heute nachmittag. Der arme Mann ist furchtbar erschüttert durch diese ganzen traurigen Vorgänge."

Dr. Kay rauchte behaglich und hatte die Augen halb geschlossen. Er schien mit sich und der Umwelt vollkommen zufrieden zu sein.

„Ich möchte Sir John gern einmal sprechen", sagte er schließlich. „Ich glaube, er könnte verschiedene Einzelheiten im Zusammenhang mit dem Tod Colonel Boyds aufklären. Sein Kammerdiener könnte es natürlich ebensogut tun, aber ich ziehe es immer vor, direkt aus der Quelle zu schöpfen."

„Das wäre nicht schwer. Er ist auf ein oder zwei Tage nach Eastbourne gekommen, um die Vermögensangelegenheiten seines Schwagers zu regeln. Sir John ist sehr großzügig gewesen und hat Mary tausend Pfund vorgestreckt, so daß sie gut auskommen kann, bis die Vermögensaufnahme stattgefunden hat... Ach, Sie fragen, ob er reich ist? Ja, ich halte ihn für sehr vermögend. Er hat ein großes Haus in der Stadt und ein Landgut in Worcestershire, außerdem noch eine Villa in Mentone. Er trägt immer viel Geld bei sich, was ich für sehr unklug halte. So hat er zum Beispiel Mary bares Geld gegeben."

Killer Kay richtete sich plötzlich in seinem Stuhl auf. Seine Augen leuchteten.

„Was? Banknoten? Das ist ja großartig... Nun, wir werden weitersehen."

*

Am nächsten Abend ging er die lange Zufahrtstraße zu dem Haus des verstorbenen Colonels Boyd entlang. Noch bevor der Hausmeister ihn anmelden konnte, kam Mary in die Halle, um ihn zu begrüßen.

„Ich hatte keine Ahnung, daß ich mit einem so großen Mann zusammen reiste", sagte sie und lächelte ihn an. „Ich habe meinem Onkel noch nichts über Ihren – Beruf gesagt. Er ist im Augenblick sehr angegriffen, und ich dachte, das könnte ihn vielleicht ..."

„Ja, der Meinung bin ich auch, Miss Boyd. Sie sind sehr vorsorglich. Sie haben jetzt natürlich sehr viel zu tun?"

Sie nickte.

„Sie mußten wohl viele Unterschriften leisten, auch mußten andere Leute Ihre Unterschrift als Zeugen bestätigen?"

Sie nickte wieder.

„Onkel John kann Rechtsanwälte nicht leiden. Morgen kommt mein Notar. Aber es gab verschiedene Dinge zu regeln, die meinen verstorbenen Vater betrafen und die wir um seines Andenkens willen lieber unter uns abgemacht haben. Ich weiß allerdings nicht, wie ich dazu komme, Ihnen das zu erzählen."

Sie lachte ein wenig verlegen.

„Bevor wir hineingehen, möchte ich Sie noch um einen Gefallen bitten."

Sie zog die Augenbrauen hoch.

„Ich werde Ihnen gern einen Wunsch erfüllen, wenn ich kann."

„Versprechen Sie mir, mich telegrafisch zu benachrichtigen, welchen Zug Sie benützen, wenn Sie das nächstemal nach London kommen."

Sie starrte ihn verwundert an.

„Aber warum denn?"

„Wollen Sie es mir versprechen? Sie sagten doch eben, daß Sie mir gern einen Wunsch erfüllen würden, wenn Sie könnten."

„Ja, ich werde Ihnen telegrafieren, wenn es Ihnen Freude macht, aber ..."

„Ich lasse kein Aber gelten", erwiderte er gutgelaunt und folgte ihr dann ins Wohnzimmer.

Sir John Thorley war ein untersetzter Herr mit rotem Gesicht, weißem Schnurrbart und weißen Augenbrauen. Er sah aus wie ein strenger Oberst, der viele Jahre in Indien gedient hat, und sein Wesen war auch ziemlich hart und rauh.

„Ich freue mich, Sie zu sehen, Doktor", sagte er. „Sie sind ein Freund des jungen Hallwell – hm."

Es war eine dumme Angewohnheit von ihm, daß er am Ende eines Satzes dieses „Hm" hinzufügte, denn dadurch verwandelte er unwillkürlich jedes Kompliment ins Gegenteil. Es hatte immer den Anschein, als ob er mit seinen Worten weitergegangen wäre, als er vorher beabsichtigt hatte, und als ob er seiner Meinung nach liebenswürdiger und freundlicher gewesen wäre, als es die Situation verlangte. Nachher schien er den Doktor völlig zu ignorieren und sprach nur mit seiner Nichte.

„Es ist ein ziemlich großes Haus für ein junges Mädchen“, sagte er kopfschüttelnd. „Du würdest besser tun, eine Wohnung in der Stadt zu mieten oder ein paar Hotelzimmer zu nehmen. Leider kann ich dich nicht in mein Haus einladen – das ist mir einfach unmöglich, du verstehst schon, was ich meine. Aber hier darfst du auf keinen Fall allein bleiben.“

„Warum denn nicht, Onkel John?“ fragte sie beinahe belustigt.

„Warum nicht? Mein liebes Kind, du würdest dich hier zu Tode fürchten. Erst ist deine Tante gestorben, nun noch dein lieber Vater – nein, nein, das fällt auch dir auf die Nerven. Außerdem möchte ich dich gern in der Stadt wissen, so daß ich dich in meiner Nähe habe – hm. Bei mir wurde doch früher einmal eingebrochen ... Nein, ich weiß, wie das ist. Es ist besser, wenn du nicht allein sein mußt. Durch den Schreck ist damals deine arme Tante umgekommen. Der Mann hat sie furchtbar erschreckt ... Nachher ging es mit ihr zu Ende.“

Gleich darauf verließ Mary das Zimmer, und nun fand Dr. Kay die gewünschte Gelegenheit, eine Frage zu stellen.

„Sir John, wo wurden eigentlich die Hausschuhe von Colonel Boyd gefunden?“

Thorley blinzelte ihn an.

„Wo die Hausschuhe … Ich weiß nicht, was Sie damit sagen wollen. Die waren doch in seinem Zimmer. Wo hätten sie denn sonst sein sollen?“

„Er hätte sie doch an den Füßen haben können“, erwiderte Killer Kay freundlich. „Soviel ich hörte, waren es weiche Pantoffeln, und ich wundere mich, daß er sie ausgezogen hat.“

„Mir ist das nicht aufgefallen. Aber auf jeden Fall war der alte Boyd mehr oder weniger verrückt. Der Tochter habe ich das natürlich nicht gesagt, aber es besteht kein Zweifel, daß der Alte den Verstand verloren hatte. Es ist schließlich auch kein Wunder, wenn man so trinkt, wie er es tat. Es war geradezu schrecklich. Ich konnte ihn nicht davon abbringen, es hat mir wirklich leid getan.“

Er schüttelte den Kopf. Da kam Mary zurück, und die Unterhaltung wandte sich einem anderen Thema zu.

*

Am nächsten Morgen fuhr Killer Kay nach London und stellte verschiedene Nachforschungen an. Nachmittags verließ er die Hauptstadt mit dem Schnellzug nach Westen; er hatte ein Ermächtigungsschreiben des Innenministeriums in der Tasche.

Die Nacht brachte er in Plymouth zu, und am nächsten Morgen fuhr er in einem Mietauto nach Princetown.

Auf dem Gefängnishof ging eine Kolonne von Sträflingen im Kreise über den mit großen Steinplatten belegten Boden. Die Abstände zwischen den einzelnen Leuten betrugen gleichmäßig eineinviertel

Meter. Meistens sahen sie stumpf vor sich hin, denn sie hatten sonst nichts zu beobachten. Die eine Seite des Hofes wurde von einer großen, eintönigen, grauen Mauer eingenommen, die andere durch die häßliche Gefängniskirche begrenzt, die mit schwarzem Teeranstrich versehen war, um die Mauern gegen die Witterung zu schützen. Die dritte Seite bildete eine etwas niedrigere Mauer, und auf der vierten erhob sich der Flügel B der Strafanstalt mit dem gelbangestrichenen, mit Eisengittern versehenen Tor.

An drei Stellen außerhalb des Kreises standen uniformierte Wärter. Sie schwiegen und beobachteten argwöhnisch die Gefangenen. Waffen trugen sie nicht, aber Gummiknüppel. Mit gleichmäßigen Schritten gingen die Leute im Kreise umher – sie waren alle von der Sonne tief gebräunt und seit einigen Tagen nicht rasiert. Die Kleidung bestand aus schmutzig gelbgrauem Tuch, um die Waden trugen sie Schnürgamaschen. Die blau- und weißgestreiften Hemden standen am Hals offen; als Kopfbedeckung dienten schwarze Kappen, auf denen in ziemlich roher Stickerei Buchstaben angebracht waren. Die Tritte der schweren Stiefel verursachten ein melancholisches Geräusch, wenn sie im Gleichtakt über den Steinboden schleiften.

„Hören Sie sofort auf zu reden – da drüben!“

Einer der Aufsichtsbeamten rief diese Worte scharf zu einem Gefangenen hinüber. Die Sträflinge in den gelbgrauen Anzügen machten erstaunt unschuldige Gesichter.

„Halt!“

Die Leute auf der rechten Seite sahen gleich, warum dieser Befehl gegeben wurde – der Vizedirektor der Anstalt war in den Hof getreten, und es war Vorschrift, daß die Sträflinge nicht weitergehen durften, wenn der Gefängnisdirektor oder dessen Stellvertreter in der Nähe war.

„Dreißig Mann – alles in Ordnung“, meldete der Aufseher. Der älteste Wärter salutierte steif und militärisch.

Aber es war nicht der Anblick des verhältnismäßig jungen Direktors in seinem leichten Mantel, der diese Aufregung unter den Gefangenen hervorrief, wenn sie sich auch nach außen hin nichts anmerken ließen. Seinen Begleiter starrten sie entsetzt an.

Killer Kay!

Von Mann zu Mann wurde der Name im Flüsterton durchgegeben, damit es alle erfuhren, selbst die, die dem Arzt den Rücken zuwandten.

Sie kannten alle seinen Ruf; verschiedene hatten ihn schon früher gesehen oder kennengelernt. Auch wußten sie, daß er viele ihrer Kameraden bereits an den Galgen gebracht hatte. Er stand ruhig da und beobachtete den Kreis, während er sich mit der schmalen Hand das Kinn strich. Sein Gesichtsausdruck war düster.

„Dort drüben ist Ridgeman. Er steht in der Nähe des Wärters“, erklärte der Direktor, der durch das plötzliche Auftauchen Kays ebenso überrascht war wie die Sträflinge.

„Ja. Den muß ich sprechen." Der Direktor winkte dem betreffenden Wärter. „Bringen Sie den Gefangenen Nr. 367 zu Dr. Kay." Der Arzt trat etwas beiseite.

Gleich darauf kam der Gefangene Nr. 367 zu ihm. Der Sträfling war ein wenig bleich geworden und wußte nicht recht, worum es sich handelte. Er war verhältnismäßig klein und hatte schon graue Haare.

Dr. Kay nickte dem Wärter zu, und dieser entfernte sich.

„Ridgeman, Sie erinnern sich, daß Sie in das Haus Nr. 408 am Lowndes Square einbrachen?"

„Jawohl. Dafür habe ich die Strafe bekommen, die ich jetzt absitze."

„Ja, ich weiß. Können Sie sich noch an die Einzelheiten des Einbruchs erinnern? Sie stiegen durch ein Fenster ein und kamen in das Zimmer der Haushälterin?"

„Jawohl. Der Raum stand leer, weil sie zu Besuch auf dem Lande war. Die Tür nach dem Gang war geschlossen, ich mußte sie mit einem Dietrich öffnen."

Dr. Kay atmete erleichtert auf. Seine Augen glänzten.

„Das wollte ich gerade wissen. Die Tür war verschlossen. Es war nichts Wertvolles in dem Raum? Es war ein gewöhnliches Zimmer, in dem sonst eine Haushälterin zu logieren pflegte. Ein paar Nippsachen standen herum und ein paar Fotografien von Verwandten der Frau?"

Ridgeman wunderte sich, nickte aber.

„War sonst nichts in dem Zimmer?“ fragte der Doktor weiter und sah den Mann scharf an.

„Doch, ein Paket in rotem Papier –“

„Lag es etwa auf dem Bett?“ Dr. Kay hatte die Frage so schnell und so scharf gestellt, daß Ridgeman einen Schritt zurücktaumelte, als ob er von einem Schlag getroffen worden wäre.

„Es lag auch noch eine Art weißes Überkleid dort – nein, es sah mehr wie der Arbeitskittel eines Malers aus.“ „Haben Sie auch Handschuhe gesehen?“ Kay sah den Mann erwartungsvoll an, während er dies fragte.

„ja, ich habe auch ein paar alte Handschuhe gesehen. Sie steckten in der Tasche des weißen Kittels.“

Dr. Kay rieb sich die Hände und lächelte sonderbar.

„Es war das einzige Zimmer, in dem die Sachen sein konnten, Ridgeman. Nun sagen Sie mir noch eins. War eine Aufschrift auf dem Paket oder eine aufgeklebte Adresse? Sah es aus, als ob die Sachen sorgfältig eingepackt wären, oder war es nur nachlässig zusammengepackt?“

„Nein, es war sehr sorgfältig eingepackt und zusammengebunden, aber die Adresse war abgekratzt worden. Ich habe das Paket nicht aufgemacht, weil ich auf Schmucksachen aus war. Ich wußte, daß Lady Thorley eine Menge Juwelen besaß. Es ist nicht wahr, was damals bei der Totenschau gesagt wurde. Ich habe sie nicht zu Tode geängstigt. Absichtlich bin ich nicht in ihr Zimmer gegangen, weil ich wußte, daß sie krank war und eine Pflegerin bei sich hatte.

Außerdem war mir bekannt, daß die Schmucksachen in einem Safe in der Bibliothek aufbewahrt wurden. Als ich daran arbeitete, wurde ich von Sir John überrascht. Es war eine Dummheit von mir, ihn mit einem Sandsack niederzuschlagen. Ich wäre mit zwölf Monaten davongekommen, und nun habe ich sieben Jahre, weil ich das getan habe. Aber es ist eine schwere Lüge, wenn die Leute behaupten, ich hätte etwas mit dem Tod von Lady Thorley zu tun. Ich habe überhaupt nicht gewußt, daß sie starb. Erst bei meinem Prozeß habe ich davon erfahren."

„Ich danke Ihnen, Ridgeman", sagte Dr. Kay. „Vielleicht brauchen Sie nicht Ihre ganze Zeit abzusitzen. Ich will einmal sehen, ob ich etwas für Sie tun kann."

Ridgeman trat in den Kreis zurück, und der Direktor ging mit seinem Besuch wieder in das Verwaltungsgebäude.

„Haben Sie Ihren Zweck erreicht? Hat er Ihnen die gewünschte Auskunft gegeben?"

„Ja. Wieviel Morde werden wohl im Lauf eines Jahres begangen?"

Der Direktor sah ihn erstaunt an.

„Ungefähr fünfzig", meinte er.

Dr. Kay lächelte.

„Ja, fünfzig werden vor den Geschworenen verhandelt, aber soweit ich es beurteilen kann, liegt die Zahl der Morde zwischen vier- und fünfhundert. Es ist sehr schwer, sie wirklich zu schätzen. Sie hören immer nur von den Leuten, die einen Fehler gemacht haben, von Männern und Frauen, die ihre Opfer durch Anwendung von Gewalt ermordeten. Gewöhnlich sind das Verbrechen, die in der Aufregung begangen werden und infolgedessen auch leichter aufgeklärt werden können. Wenn zum Beispiel jemand einen anderen vergiftet und man findet nachher das Gift in seinem Besitz, dann ist sicher irgendwo ein Apotheker, Chemiker oder Drogist in der Nähe, der genauer sagen kann, auf welche Weise sich der Mann dieses Gift verschafft hat. Der betreffende Mörder wird natürlich unweigerlich vor Gericht behaupten, daß er das Gift gekauft hat, um Ratten zu töten oder einen Hund beiseitezuschaffen. Jemand ermordet zum Beispiel seine Frau, weil er eine andere liebt, und wirft sie in einen Brunnen – und so weiter. Wenn man nun die Mentalität dieser Leute prüft, dann sind neunzig Prozent von ihnen ungebildete Menschen, die nicht viel wissen. Die großen Berichte über frühere Verbrechen, aus denen sie hätten lernen können, kennen sie nicht, und sie wissen auch nicht, wie sie dazu kommen sollen. Wenn sie jemand umbringen wollen, müssen sie das in ihrer eigenen primitiven Weise tun. Der Trieb, andere Leute zu ermorden, ist aber nicht allein auf die weniger gebildete Klasse beschränkt. Es werden auch andere Methoden angewandt – manche von ihnen sind so schlau erdacht, daß sie bisher jedem Versuch der Aufklärung Hohn sprachen. Wenn ich einen großen Leichenzug in den Straßen der Stadt beobachte, kommt mir häufig der Gedanke, in welchem der Wagen wohl der Mörder sitzen mag."

Dr. Kay sagte das alles sehr ernst, so daß der Direktor sein Lächeln unterdrückte.

„Sie wollen also damit sagen, daß auch das Morden schließlich zu einer hohen Kunst entwickelt wurde?“

„Ja, der Mord in diesem Sinn ist eine Kunst“, entgegnete Killer Kay nachdenklich. „Und dabei ist die Sache doch so furchtbar einfach. Die Erziehung in den Schulen hat Kenntnisse von wissenschaftlichen Tatsachen unter vielen Millionen Menschen verbreitet, so daß Leute, die einen ihrer Mitmenschen ermorden wollen, nicht mehr zu Gift oder zum Beil zu greifen brauchen. Die Leute besitzen heutzutage Waffen, von denen sich ihre Großväter selbst im Traum nichts vorstellen konnten. Wir wissen heute von Bakterien, die ein Menschenleben ebenso sicher zerstören wie ein Geschoß. Wir kennen Naturkräfte, die einen menschlichen Körper schneller vernichten können als Dolch oder Guillotine. Und meinen Sie, daß die Leute ihre Kenntnisse auch gebrauchen werden? Selbstverständlich tun sie das! Ein Mann, der weiß, daß die Polizei nach Fingerabdrücken sucht und dadurch den Nachweis der Täterschaft führen kann, hütet sich natürlich, derartige Spuren zu hinterlassen. Ein Giftmörder, dem die Tatsache bekannt ist, daß Arsen oder irgendein anderes metallisches Gift lange in dem Körper seines Opfers zurückbleibt, so daß man es selbst noch nach Jahren bei einer Exhumierung feststellen kann, wird Pflanzengifte wählen, um andere Menschen zu ermorden. Jemand, der sich von einem unliebsamen Partner befreien will, kann das alles so schlau und vorsorglich einrichten, daß ihm die Leute noch ihr Beileid ausdrücken.“

Der stellvertretende Direktor lächelte leicht.

„Man nennt mich den „Killer“, fuhr Dr. Kay fort, „und ich bin stolz auf diesen Namen. Ich bin viel mehr geneigt, schlechte Menschen aus diesem Leben zu entfernen, als ein Waisenhaus zu gründen. Die Jagd nach dem Verbrecher macht mir ein unheimliches Vergnügen. Wenn der Mann am Galgen und damit die Sache zu Ende ist, komme ich mir immer wie jemand vor, der sein Lebensziel verfehlt hat.“

Der Direktor brachte ihn durch das große Eisengittertor, dann blieb er noch stehen, bis er das Auto des Doktors nicht mehr sehen konnte.

„Nur schade, daß die interessantesten Fälle, die Dr. Kay aufgeklärt hat, nicht nach Dartmoor eingeliefert werden“, sagte er später.

Dr. Kay mußte nach seiner Rückkehr nach London zwei Besuche machen. In Somerset House suchte er nach bestimmten Akten; dann sprach er in einer Waschanstalt vor. Was er an diesen beiden Stellen erfuhr, befriedigte ihn außerordentlich. Den Rest des Tages brachte er in seinem Laboratorium zu und experimentierte mit gelöstem Arsen.

Es war nahezu eine Woche nach der Abreise Sir Johns vergangen, als Mary Boyd plötzlich einen Brief von ihrem Onkel erhielt. Er bat sie darin, mit ihm in seinem Klub zu Mittag zu speisen.

Als sie im Zug saß, fiel ihr plötzlich ein, daß sie ihr Versprechen Dr. Kay gegenüber nicht gehalten hatte. Im Victoria-Bahnhof verfehlte sie ihren Onkel und ging ruhelos in der Station auf und ab. Dabei kam sie auch in die Nähe des Telegrafenamts. Als sie die große Aufschrift las, fragte sie sich, ob sie Dr. Kay telegrafieren sollte oder nicht. Zuerst zögerte sie, denn es erschien ihr sonderbar. Sie war doch jetzt schon in der Stadt angekommen, und sie hatte ihm versprochen, ein Telegramm zu senden, bevor sie Eastbourne verließ. Jetzt hatte es doch sicher wenig Zweck, ihm noch mitzuteilen, wann der Zug hier angekommen war.

Sie wollte gerade gehen, als sie aus einem unerklärlichen Grund doch noch den Entschluß faßte, den Arzt zu benachrichtigen. Sie trat in das Postamt und schrieb auf ein Telegrammformular:

> Bin in der Stadt und speise im
> Regal-Club zu Mittag.
> Mary Boyd.

Sobald sie das Telegramm abgesandt hatte, bedauerte sie ihre Handlungsweise, und als sie kurz darauf Sir John traf, hielt sie sich für töricht und albern.

„Hallo, mein liebes Kind! Beinahe hätte ich dich verfehlt. An wen hast du denn telegrafiert?"

„An die Haushälterin. Ich wollte ihr nur mitteilen, um welche Zeit ich nach Eastbourne zurückkomme."

Es war ihr furchtbar, daß sie lügen mußte, aber die Wahrheit konnte sie ihm doch unmöglich erklären. Wenn sie ihm das gesagt hätte, würde er sie geradezu für unzurechnungsfähig gehalten haben.

„Wie ist es? Hast du deinen Rechtsanwalt aufgesucht? Hoffentlich hast du ihm nichts von dem Jugendstreich deines Vaters erzählt?"

Sie schüttelte den Kopf.

Als sie Whitehall entlangfuhren, überlegte sie, in welchem dieser großen, düsteren Gebäude wohl das Büro Dr. Kays liegen mochte.

„Ja, Jugend kennt keine Tugend, das wird immer so bleiben", erklärte Sir John. „Wenn dein Vater schließlich auch eine Liebesaffäre in seiner Jugend hatte, so ist es doch besser, wir teilen den Rechtsanwälten darüber nichts mit. Die kümmern sich zuviel um Angelegenheiten, die sie nichts angehen."

Sie war nicht in der Stimmung, die Jugendsünden ihres Vaters mit ihm zu besprechen; sie war damit zufrieden, daß sie die Urkunde unterzeichnet hatte, die der betreffenden Frau eine kleine Rente sicherte. Damals hatte sie ein paar unangenehme Minuten durchlebt, als sie erfuhr, daß das Dokument von zwei ihrer Dienstboten als Zeugen gegengezeichnet sein mußte. Aber Sir John hatte ihr die Versicherung gegeben, daß das absolut notwendig sei und daß die Dienstboten doch den Inhalt des Schreibens nicht zu lesen brauchten. Selbst sie hatte das Schriftstück nicht noch einmal durchgesehen, nachdem sie doch den Inhalt des aufgesetzten Textes genau kannte.

„Also, hier sind wir am Ziel", sagte er und half ihr beim Aussteigen vor dem Eingang des Regal-Clubs.

Das Menü war glänzend zusammengestellt, denn Sir John Thorley war ein Feinschmecker.

Beim Nachtisch unterhielten sie sich angeregt, und schließlich wurde der Kaffee serviert.

„Nimm keinen Zucker“, sagte Sir John plötzlich. „Das macht nur unnötig korpulent.“

Sie lächelte nachsichtig, als er ihr eine Sacharintablette über den Tisch zuschob.

„Danke, Onkel John. Ich glaube allerdings kaum, daß ich die Veranlagung habe, viel Fett anzusetzen, aber ...“

Sie hielt die weiße Tablette zwischen Daumen und Zeigefinger über ihrer Kaffeetasse. Im nächsten Augenblick hätte sie die Tablette in den Kaffee geworfen, wenn nicht ...

„Entschuldigen Sie vielmals.“

Eine Hand tauchte plötzlich unter der ihren auf, und Mary ließ die Tablette hineinfallen. Erschreckt wandte sie sich um und sah das lächelnde Gesicht Dr. Kays.

„Seien Sie doch so gut und gehen Sie einen Augenblick zu Frank Hallwell. Er sitzt dort drüben an dem Fenstertisch“, sagte er freundlich.

„Zum Teufel, was soll das bedeuten?“ fuhr ihn Sir John wütend an und wurde dunkelrot im Gesicht.

Aber Killer Kay antwortete nicht, bis Mary nach einem ängstlichen Blick auf die beiden Herren den Tisch verlassen hatte.

„Ich erspare mir eine ganze Reihe von Unannehmlichkeiten dadurch, daß ich mir die Tablette beschafft habe“, erwiderte Dr. Kay in der liebenswürdigsten Art und Weise. „Sonst hätte ich den Inhalt der Tasse in eine Flasche füllen müssen und hätte dadurch die Aufmerksamkeit aller anderen Gäste auf mich gelenkt.“

„Wollen Sie mir bitte sagen ...“

Sir Johns Stimme war heiser und unsicher.

„Kommen Sie mit.“

Kays Worte klangen wie ein Befehl, und Sir John folgte dem Arzt ohne weiteren Protest.

In der Eingangshalle des Klubs saßen zwei Herren, als ob sie auf jemand warteten. Sie erhoben sich, als sie den Doktor sahen, und gingen auf ihn zu.

„Hier ist Ihr Gefangener“, sagte Kay zu dem Polizeiinspektor. „Ich beschuldige ihn des vorsätzlichen Mordes, begangen an Isabell Alice Thorley, ebenso des Mordes an Bertram James Boyd.“

*

„Sir John Thorley war weit davon entfernt, ein Millionär zu sein“, sagte Dr. Kay zu Frank Hallwell, als sie zusammensaßen und rauchten. „Im Gegenteil, er ist äußerst arm. Seine Ehe war unglücklich; die Frau besaß allerdings ein großes Vermögen. Sie hatte, ohne daß er es wußte, ein Testament aufgesetzt, in dem sie ihr ganzes Vermögen ihrem Bruder vermachte. Thorley war früher Direktor des Hospitals in Wormwood. Dort hat sich die Gewohnheit herausgebildet, die Bettwäsche aller Patienten, die an einer ansteckenden Krankheit litten, an eine bestimmte Waschanstalt zu schicken. Es besteht die Vorschrift, daß diese Wäschestücke in rotem Papier verpackt werden, und sie kommen dann, wie sie sind, mit dem Papier in einen Desinfektionsapparat, bevor sie gewaschen und gereinigt werden können. Drei Tage, bevor Lady Thorley an

Scharlachfieber erkrankte, machte er einen Besuch in dem Hospital und hielt seinen Wagen, den er selbst steuerte, unter dem offenen Fenster des Raumes an, in dem die infizierte Wäsche aufbewahrt wurde. Ohne Begleitung machte er einen Rundgang durch die Anstalt, und ich habe feststellen können, daß er auch in den Aufbewahrungsraum für schmutzige Wäsche ging. Später wurde ein Paket Kissenbezüge vermißt, aber damals legte man der Entdeckung keinen weiteren Wert bei. Er hat das Paket natürlich durch das offene Fenster in seinen Wagen geworfen.

Lady Thorley starb an heftigem Scharlachfieber, und es besteht kein Zweifel, daß Sir John in Abwesenheit der Krankenschwester das Kissen seiner Frau mit einem der infizierten Wäschestücke bezogen hat. Ais er dann später herausfand, daß der Bruder der Verstorbenen das Geld erbte, tötete er auch Boyd. Er sorgte dafür, daß der Colonel sich heftig betrank, schleppte ihn mitten in der Nacht die Treppe hinunter, arrangierte alles und täuschte einen Selbstmord vor. Unglücklicherweise trug aber Colonel Boyd lose Pantoffeln, die im Schlafzimmer auf den Boden fielen, als er ihn aufhob. Später fand man sie ordentlich zusammengestellt am Fußende des Bettes. Nun sind aber Selbstmörder nicht so ordentlich veranlagt!“

„Haben Sie die Sacharintablette untersucht?“ fragte Frank leise.

Killer Kay nickte.

„Wenn Mary Boyd den Kaffee getrunken hätte, wäre sie heute morgen gestorben, und die Ärzte hätten wahrscheinlich irgendeine andere Diagnose gegeben, denn das Gift war so schlau ausgesucht, daß man es kaum nachweisen kann.“

„Aber warum wollte er sie denn umbringen? Das Geld wäre doch nicht an ihn gegangen, sondern an ihren Vetter in Kanada.“

Dr. Kay lachte grimmig.

„Sie hat ein Testament zugunsten Thorleys unterschrieben. Sie wußte selbst nicht, daß es sich um ein Testament handelte. Sir John gab ihr ein Schriftstück – irgendeiner Frau wurde darin eine Rente aus der Erbschaft ihres Vater zugesichert. Das Schriftstück, das sie aber später unterschrieb und das in ihrer Gegenwart von zwei weiteren Zeugen unterzeichnet wurde, war ein Testament, in dem sie ihr Vermögen Sir John Thorley vermachte. Die Schuld ihres Onkels ist vollkommen einwandfrei bewiesen, und er kommt an den Galgen, wenn er nicht vorher vor Furcht stirbt.“

Aber es geschah weder das eine noch das andere. Als die Gefängniswärter Sir John Thorley durchsuchten, übersahen sie eine kleine graue Tablette, die er in einer Westentasche bei sich trug – in der nächsten Nacht wurde er in seiner Zelle tot aufgefunden.

Der Selbstmörder

Preston Somerville stand auf dem Balkon vor seinem Hotelzimmer, als der Zug keuchend die letzte steile Biegung erklomm, um in die Station von Caux einzufahren. Er konnte von hier aus sehen, wie ein Herr und eine Dame ausstiegen. Auf dem runden, kleinen Eisentisch neben ihm lag ein Fernglas. Er nahm es zur Hand und stellte es auf den Bahnhof ein.

Ja, er hatte recht. Und er hatte die beiden auch an diesem Tag und mit demselben Zug erwartet. Von unten aus konnten sie ihn nicht erkennen. Die bunte Markise gab tiefen Schatten; außerdem lag das Hotel von der Station ziemlich weit entfernt. Er beobachtete, wie die beiden den gewundenen Fahrweg heraufstiegen. Ein Portier trug die Koffer. Hinter ihm ging gemütlich und langsam ein einzelner Herr; es war George Dixon, Somerville hatte ihn sofort erkannt.

Marie und ihr Begleiter kamen zu dem Hotel, in dem auch er logierte!

Sie hätten, wenn sie etwas mehr Takt besessen hätten, zum Palace- oder Grand-Hotel gehen oder auch eine der großen Pensionen nehmen können. Aber Templar hatte eben keine Ahnung von Umgangsformen.

Wieder sah Somerville durch das Fernglas.

Marie war stärker geworden; er konnte zwar ihr Haar nicht sehen, aber er bezweifelte, ob es noch die leuchtend goldblonde Farbe hatte wie vor siebzehn Jahren.

Templar war auch nicht mehr so schlank und elegant wie früher; im Gegenteil, er hatte ziemlich viel Fett angesetzt. Es war über ein Jahr her, daß er ihn nicht gesehen hatte.

Somerville zuckte die Schultern und sah nach dem Lac Leman hinüber, der sich in unglaublich tiefem Blau bis weit in die Ferne erstreckte. Ein prachtvolles Bild! Der Mont Grammont spiegelte sich mit seinem weißen Gipfel in der Fläche des Sees. Über Nacht hatte es geschneit, und der Dent du Midi war ebenfalls weiß bis zur

Baumgrenze. Siebenhundert Meter unter ihm lag Territet. In der klaren Luft konnte man die Häuser und die Gebäude deutlich sehen; es lag wie eine kleine Stadt aus einem Spielzeugkasten mitten in der prachtvollen Umgebung grüner Gärten. Eine herrliche Gegend. Gerade in diesem kleinen Paradies wäre das Leben so schön gewesen, wenn nicht dieser furchtbare Schatten alles verdüstert hätte ...

Somerville ging in sein Zimmer zurück, schloß einen altmodischen Schrank auf und zog einen Lederkoffer vor, der schon viele Reisen mitgemacht hatte. Ruhig, ohne sich zu überhasten, öffnete er die beiden Schlösser und nahm dann eine kleine Ledertasche heraus, die ebenfalls aufgeschlossen werden mußte. Zwei Stöße Briefe und ein paar Fotos waren der ganze Inhalt. Ein blauer Briefumschlag lag obenauf. Seit vielen Jahren führte er diese Tasche mit sich. Notwendig war es nicht; im Gegenteil, es war eigentlich eine große Torheit. Langsam öffnete er den blauen Umschlag und nahm den Trauschein heraus, auf dem bestätigt wurde, daß Preston George Somerville eine Marie Clara Legrande geheiratet hatte. Das Datum lag siebzehn Jahre zurück. Warum ein Mann nun ausgerechnet den Beweis seiner Bigamie mit sich herumschleppte, war nicht zu erklären. Die letzten siebzehn Jahre waren eine furchtbare Zeit für ihn gewesen, und er wußte selbst nicht, warum er den Koffer immer bei sich hatte. Im Alter von achtzehn Jahren hatte er zum erstenmal geheiratet. Seine Ehe war nur kurz gewesen, es hatte zuviel Zerwürfnisse gegeben. Schließlich hatte seine Frau ihn verlassen, und dann war er Marie Legrande begegnet. Er hätte ihr damals ja die

Wahrheit sagen können, und beinahe wäre es auch dazu gekommen, aber...

Er nahm den Trauschein und schloß ihn wieder in den Koffer. Die letzten siebzehn Jahre hatte er sich gewundert, daß er sich von diesen Briefen und Fotografien nicht trennen konnte. Die zweite Ehe hatte sein ganzes Leben zerstört und ihn entwurzelt, so daß er Dinge getan hatte, über die er selbst staunte.

Ein Klopfen riß ihn aus seinen Grübeleien.

„Herein!“ rief er.

Als sich dann die Tür öffnete, schaute er auf und ging mit großen Schritten und ausgestreckten Händen George Dixon entgegen, um ihn herzlich zu begrüßen.

„Nun, dir scheint es aber gut zu gehen, Preston. Du siehst vorzüglich aus“, sagte der Rechtsanwalt und drückte die Hände des Freundes kräftig. „Woher wußtest du denn überhaupt, daß ich in der Schweiz bin? Als ich dein Telegramm erhielt, war ich wirklich erstaunt.“

„Ich habe es in der Zeitung gelesen. Man findet ja bekanntlich die Besucherlisten der Schweizer Kurorte darin, und zufällig entdeckte ich deinen Namen unter den Gästen in Interlaken.“

„Ich muß aber in drei Tagen wieder in London sein, alter Junge. Das bedeutet, daß ich diese herrliche Gegend entweder heute abend oder morgen früh verlassen muß.“

Somerville nickte langsam.

„Besser könnte es gar nicht sein. Das klingt zwar ein wenig unhöflich, aber du wirst es schon verstehen, wenn ich dir alles erkläre."

„Was für Schmerzen und Unannehmlichkeiten hast du denn?" erkundigte sich der Rechtsanwalt. „Bevor du aber anfängst, mir alles zu erzählen, möchte ich dich fragen, ob du weißt, wer eben hier eingetroffen ist?"

Somerville nickte.

„Er saß im gleichen Zug wie ich", fuhr Dixon fort. „Soll es zu einer – Verständigung kommen? Willst du die Sache aus der Welt schaffen?"

„Ja, sie muß endgültig geregelt werden."

Somervilles Stimme klang ruhig und sanft, als ob er zu sich selbst spräche.

„Wenn ich dabei helfen könnte, dieses Ziel zu erreichen, bliebe ich auch eine ganze Woche hier. Dann kommt es mir gar nicht darauf an", erwiderte Dixon herzlich. „Mein Lieber, es war tatsächlich der größte Unsinn, daß du diese Sache so viele Jahre ohne weiteres ertragen hast. Ich hätte schon vor zehn Jahren, als du mir zuerst davon erzähltest, alles in Ordnung bringen können. Du hättest mir nur Vollmacht zu geben brauchen."

„Ich werde die Sache in Ordnung bringen – und zwar selbst."

Dixon sah ihn neugierig und erstaunt an.

„Wie erfuhr eigentlich dieser Templar davon? Das hast du mir niemals richtig erklärt."

Somerville füllte seine Pfeife, sah nach der blauweißen Bergen hinüber und ließ sich Zeit zur Antwort.

„Es gibt vieles, was ich dir früher nicht gesagt habe. Aber daß Templar in den Fall verwickelt ist, kann ich leicht erklären. Marie, meine zweite Frau, war damals Sängerin bei einer drittklassigen Operettengesellschaft. Die Truppe kam in die wilde Gegend, in die ich mich nach meiner ersten unglücklichen Ehe zurückgezogen hatte. Templar war ihr Manager in des Wortes vollster Bedeutung, vielleicht sogar mehr als das. Ich glaube, daß ich nicht ganz bei Sinnen war. Die Tatsache, daß ich so lange keine Frau gesehen hatte, ist die einzige Erklärung dafür, daß ich sofort auf Marie hereinfiel. Ich verliebte mich derartig in sie, daß es geradezu an Geisteskrankheit grenzte. Ich will mich nicht selbst entschuldigen, George. Zwei Wochen lang war ich nicht ganz zurechnungsfähig, nachdem ich Marie Legrande geheiratet hatte. Ob das ihr richtiger Name ist, mögen die Götter wissen. Ich fuhr damals mit ihr zur nächsten Stadt, schwor einen Meineid vor dem Standesbeamten und heiratete sie. Drei Monate später erfuhr sie durch Templar, daß ich schon einmal geheiratet hatte. Persönlich bin ich davon überzeugt, daß sie die Sache ohne weiteres hätte auf sich beruhen lassen. Unglücklicherweise war Templar anderer Ansicht, und es ist ja schließlich mein Pech, daß ich ein wohlhabender Mann bin. Seit der Zeit haben Templar und Marie immer zusammengesteckt. Immerhin halte ich Marie nicht für einen schlechten Charakter. Sie ist nur schwach und nachgiebig und möchte gern ein gutes Leben führen. Und seit der Zeit habe ich dann auch das nötige Geld hergeben müssen, damit Templar und sie bequem leben konnten.

Ich habe wie in der Hölle gelebt.“ Er zuckte die Schultern. „Aber ich will jetzt nicht obendrein noch theatralisch werden“, fügte er mit einem schwachen Lächeln hinzu. „Ich gab mich damit zufrieden, zu zahlen – und immer weiter zu zahlen – nur ...“

„Nun?“ ermunterte ihn George.

Somerville erhob sich, trat auf den Balkon hinaus und hielt noch einmal nach den herrlichen Bergen Ausschau. Erst als er wieder ins Zimmer kam, antwortete er.

„Als meine erste Frau von mir fortging, hatte ich sechs Monate mit ihr zusammengelebt“, sagte er in sachlichem Ton. „Sieben oder acht Monate später, ein paar Wochen, nachdem ich Marie geheiratet hatte, erhielt ich von meiner ersten Frau einen Brief, in dem sie mich um eine Zusammenkunft und eine Unterredung bat. Dieser Brief fiel in Templars Hände, und dadurch wurde ihm die Tatsache bekannt, daß ich zwei Frauen geheiratet und Bigamie begangen hatte. Davon erfuhr ich aber erst später. Ich traf also meine erste Frau, und sie teilte mir mit, daß ich eine Tochter hätte.“

Als er die letzten Worte sprach, zitterte seine Stimme. Aus seiner Brieftasche nahm er eine Fotografie und reichte sie Dixon. Der Rechtsanwalt sah das freundlich lächelnde Gesicht eines ungewöhnlich schönen jungen Mädchens.

„Ist sie das?“ fragte er erstaunt.

„Ja, das ist meine Tochter.“

„Aber ich habe ja nie erfahren, daß du eine Tochter hast“, erwiderte George atemlos.

„Das war eines der wenigen Geheimnisse, die ich für mich bewahrt habe“, sagte Somerville und legte das Bild wieder in die Brieftasche.

Einen Augenblick schaute er noch darauf, dann klappte er die Tasche zu und steckte sie wieder ein.

„Ja, dieses Geheimnis habe ich vor allen Leuten behütet. Das erklärt vor allem auch, daß ich die siebzehn Jahre so gut überstanden und nicht den Verstand verloren habe. Ich wußte sehr gut, daß ich kaum eine harte Strafe erhalten würde, wenn ich mich an die Gerichte wenden würde, um diesem Erpresser zu entgehen. Wahrscheinlich würde ich sogar Sympathie in der Öffentlichkeit gefunden haben. Es ist ja alles rein menschlich und läßt sich verstehen. Aber deshalb habe ich den Schritt nicht getan.“ Er klopfte auf die Brieftasche. „Ich wußte ja nicht, wie das Mädchen diese Nachricht auffassen würde. Mit Rücksicht auf meine Tochter konnte ich in der ganzen Sache nichts unternehmen.“

„Weiß Templar von der Existenz deiner Tochter?“

Somerville nickte.

„Aus diesem Grund ist er ja drei Monate vor der üblichen Zeit gekommen. Erst vor einem Monat hat er davon erfahren. Meine Tochter ist auf der Schule in Cheltenham; sie beteiligte sich an der Theateraufführung bei einer Schulfeier und spielte so gut, daß ihr Name in den Kritiken besonders hervorgehoben wurde. Unglücklicherweise fügte ein Zeitungsmann noch hinzu, daß der Vater des jungen Mädchens Preston Somerville sei. Sie hatten mich schon vorher in der Hand, aber jetzt ist die Sache geradezu hoffnungslos, nachdem sie auch das noch wissen. Du kannst dir wohl denken, daß sie jetzt alle Hebel in Bewegung setzen, um mich gefügig zu machen."

„Aber es muß doch eine andere Lösung geben, Preston! Es muß einfach möglich gemacht werden! Kannst du nicht deine Tochter für ein paar Monate nach Amerika schicken, meinetwegen auch für ein paar Jahre?"

Somerville brachte ihn durch eine müde Handbewegung zum Schweigen.

„Es gibt vielleicht mehrere Lösungen. Für eine habe ich mich entschieden und dich deshalb telegrafisch benachrichtigt. Es war ein glücklicher Augenblick, in dem ich deinen Namen in der Kurliste von Interlaken fand. Meine Angelegenheiten sind in bester Ordnung, aber ich wollte dir vor allem von der Existenz meiner Tochter erzählen, weil es eventuell für dich nötig werden wird, in Zukunft mein Vermögen zu verwalten."

„Aber um Himmels willen!" rief George Dixon. „Du willst doch nicht diesen Ausweg wählen! Überlege dir das, Preston, das darf nicht sein! Du warst doch früher so klug, als wir zusammen in Oxford studierten. Erinnerst du dich nicht, daß wir damals einen Kriminalklub gründeten und alle großen Verbrechen genau besprachen und analysierten, die sich damals in der Welt zutrugen? Du warst doch immer der Tüchtigste von uns allen, du fandest jedesmal eine Lösung für all diese geheimnisvollen und dunklen Geschichten. Du hattest sogar selbst Kriminalgeschichten erfunden, geheimnisvoller und verwickelter, als sie in Wirklichkeit vorkommen. In all diesen Dingen bist du doch bewandert, und ich traue dir zu, daß du eine andere Lösung finden kannst, wenn du dich nur dazu aufraffst."

Somerville war bisher ruhelos im Zimmer auf und ab gegangen. Nun blieb er stehen und sah George an.

„Merkwürdig, daß du mich gerade jetzt daran erinnerst. Wirklich sonderbar, denn ich sagte dir schon vorher, daß ich eine Lösung aus den allgemeinen Schwierigkeiten gefunden zu haben glaube."

George sprang auf; seine Augen leuchteten.

„Ich wußte, daß es dir gelingen würde. Ich kann dir nicht sagen, wie sehr ich mich darüber freue."

„Ja, ich habe eine Lösung gefunden", entgegnete der andere langsam. „Ich habe in der letzten Zeit einen Detektiv bezahlt, der die beiden genau beobachtet. Deshalb wußte ich auch, daß sie mich hier treffen wollten. Der Mann hat übrigens eine ganze Menge interessanter Tatsachen herausgebracht, aber nichts von alledem ist so wichtig wie –"

Somerville machte eine bedeutungsvolle Pause.

„Ja, was wolltest du sagen? Sprich doch!" drängte George Dixon ungeduldig.

„Nichts ist so wichtig wie die Tatsache, daß er in seiner rechten unteren Westentasche stets etwas bei sich trägt", erwiderte Somerville mit besonderer Betonung.

„Was denn?" fragte der Anwalt neugierig.

„Das wirst du schon noch rechtzeitig erfahren. Diese Enthüllung möchte ich erst machen, wenn alles vorbei ist. In den Detektivromanen kommt die Aufklärung ja auch erst im letzten Kapitel.“ Preston Somerville lächelte. „Aber darauf baue ich eben meinen Plan auf. Ich habe ein entsetzliches Leben geführt, weil mich dieser Mann ständig verfolgt hat.“ Er war vollkommen ruhig und nicht so aufgeregt wie bei früheren Unterredungen mit seinem Rechtsanwalt, wenn er über das dunkle Kapitel seines Lebens sprach. „Die Frau ist auch ganz anders. Sie würde mir niemals Schwierigkeiten machen, dazu ist sie zu anständig.“

Somerville seufzte tief und schwer, dann wandte er sich plötzlich entschlossen und lebhaft an seinen Freund.

„George, ich möchte dir jetzt auseinandersetzen, was du für mich tun kannst, wenn mein Plan mißlingt ...“

*

In dem großen Doppelzimmer des Stern-Hotels saß Mr. Templar auf dem Rand des Bettes und sah Marie an. Die beiden waren als Ehepaar in die Fremdenliste eingetragen. Sie bückte sich über den offenen Koffer und packte zögernd und widerwillig Kleider und Wäsche aus.

„Du hast mir gesagt, daß wir nur einen Tag hiersein würden“, sagte sie unzufrieden.

„Das hängt ganz davon ab, Marie“, erwiderte Templar, ohne die Zigarre aus dem Munde zu nehmen. „Vielleicht dauert es auch länger, so daß wir uns telegrafisch Geld nachsenden lassen müssen.“

Ihre nächsten Worte zeigten, daß Somerville ihren Charakter richtig beurteilte.

„Warum läßt du ihn denn nicht in Ruhe?“ fragte sie und drehte sich nach ihm um. Sie war selbst nach den vielen Jahren noch eine schöne Frau, obwohl das Goldblond ihrer Haare jetzt künstlich nachgefärbt war. „Der arme Mann! Wir haben ihn doch nun schon so oft und gründlich zur Ader gelassen und auch genug Geld zusammengebracht, Joe. Warum wollen wir nicht nach Hause zurückkehren? Wir könnten uns doch jetzt tatsächlich auf dem Land niederlassen und die große Farm kaufen, von der du schon so lang gesprochen hast!“

Mr. Templar lachte. Trotz seiner Korpulenz und seiner Eleganz hatte er etwas von einem Desperado an sich. Im übrigen aber sprach er ruhig und mit sanfter Stimme. Auch an ihm war die Zeit nicht spurlos vorübergegangen – er hatte eine Glatze. Aber er schien viel Sinn für Humor zu haben, denn er lachte leicht und gern. Sein Gesicht hatte eine gesunde Farbe und wenig Falten, nur seine Augen traten etwas vor. Auf jeden Fall nahm er das Leben möglichst von der leichten Seite.

„Wenn ich immer das getan hätte, was du wolltest“, meinte er gutmütig, „dann hättest du im ganzen Jahr vielleicht zwanzig Wochen Engagement gehabt, die Woche zu fünf Pfund. Und ich hätte drittklassige Operettengesellschaften leiten müssen. Niemals wären wir in große Städte gekommen, immer hätten wir uns in kleinen Nestern herumgedrückt. Aber du siehst ja, wie weit du durch mich gekommen bist. Jetzt wohnen wir in einem erstklassigen

Hotel in der schönsten Gegend der Schweiz. Ich verstehe überhaupt nicht, was du willst und warum du mir Vorwürfe machst. Seit Jahren hast du keine Not und kein Elend mehr kennengelernt, es ist uns doch stets gut gegangen."

Sie machte sich wieder daran, die Koffer auszupacken.

„Es kommt ganz darauf an, was man unter einer schlechten Zeit versteht. Ich habe jedenfalls sehr viel Unruhe gehabt, und du auch, Joe", erwiderte sie nach einer Weile und drehte sich zu ihm um. „Ich erinnere dich nur an die Zeiten, wo du glaubtest, daß Preston dich verfolgen würde – denkst du noch an den Abend in Paris? Damals hast du ihn mit einem Beamten von Scotland Yard durch das Café gehen sehen, in dem wir auch saßen."

Er kniff die Augen zusammen.

„Ach, halt den Mund", sagte er ärgerlich. „Was kann es auch für eine Strafe darauf geben? Höchstens Gefängnis – und darauf pfeife ich. So weit bringen sie mich nie. Ich habe wie ein Gentleman gelebt, und ich werde auch wie ein Gentleman sterben." Unwillkürlich tastete er mit der Hand nach seiner rechten Westentasche. „Übrigens hast du recht, wenn du vorhin davon sprachst, daß wir eine Farm kaufen sollten", meinte er dann. „Ich habe es mir schon lang überlegt, daß wir endlich einmal einen ruhigen Wohnsitz haben müssen. Wir wollen uns nur noch dies eine Mal Geld verschaffen, dann lassen wir ihn in Ruhe."

Sie lachte bitter.

„Es ist nicht das erstemal, daß du das gesagt hast. Das kenne ich schon. Auf jeden Fall will ich ihn nicht sehen.“

„Das habe ich ja auch gar nicht von dir verlangt“, erklärte Templar in vorwurfsvollem Ton.

*

Erst am nächsten Morgen begegnete er seinem Opfer. Die beiden trafen sich auf der großen, breiten Hotelterrasse, von der aus man einen herrlichen Ausblick nach Territet hat.

Templar begann die Unterhaltung wie stets.

„Mr. Somerville, es tut mir unendlich leid, daß ich Sie wieder stören muß, aber es ist uns in der letzten Zeit nicht gut gegangen, und ich bin leider darauf angewiesen, wieder Ihre Hilfe in Anspruch zu nehmen.“

„Es wird Ihnen noch viel schlechter gehen“, unterbrach ihn Somerville. Seine Worte klangen gehässig und drohend. „Ich werde es noch erleben, daß sie in kaltem, nebligem Wetter eines Morgens in den Steinbrüchen von Dartmoor arbeiten. Nachdem ich soviel durchgemacht habe, würde es mir eine unendliche Genugtuung und Freude sein, nach Princetown zu fahren und Sie in Sträflingskleidern zu sehen.“

Templar war sprachlos. Das war nicht der Mann, den er früher gekannt hatte, der ruhige Mr. Somerville mit dem zynischen und harten Lächeln, der bezahlt hatte, ohne zu fragen oder den geringsten Widerstand zu leisten!

„Ich – ich …“, stotterte er. „Was meinen Sie denn eigentlich? Es kann doch höchstens umgekehrt sein, Sie meinen wohl, ich könnte nach Dartmoor gehen, um Sie dort im Zuchthaus zu sehen?“ Templar war so erregt, daß er verhältnismäßig laut sprach. „Nehmen wir an, ich gehe zur Staatsanwaltschaft und zeige Sie an, dann kommen Sie dorthin … dann wird Ihre Tochter Sie auch dort sehen! Ja, das haben Sie wohl nicht erwartet – da horchen Sie auf, wenn ich Ihnen das sage! Nehmen wir an, daß ich sie hinbringe, damit sie ihren Vater sehen kann? Das ist natürlich ganz etwas anderes.“

Somervilles hageres Gesicht färbte sich rot, aber diese Herausforderung hatte einen unerwarteten Erfolg. Angelockt durch das laute Gespräch, war ein Kellner auf die Terrasse getreten, der sich einen Augenblick im Hintergrund aufhielt und einen interessierten Blick auf die beiden Gäste warf. Aber schließlich merkte er, daß man ihn dort nicht wünschte, und zog sich diskret zurück.

„Wieviel wollen Sie diesmal haben?“ fragte Somerville vollkommen ruhig.

„Dreitausend“, entgegnete Templar, der sich selbst in Ärger hineingeredet hatte und infolgedessen kühner geworden war. „Das sind fünfundsiebzigtausend Schweizer Franken.“

Somerville trat an das Geländer der Terrasse, kreuzte die Arme und sah nach dem See hinunter. Templar glaubte, der Mann wäre vollständig zusammengebrochen, so daß er ihn ganz in der Hand hatte. Die Erwähnung der Tochter genügte anscheinend, ihn zu

Kreuz kriechen zu lassen. Templar war überfroh, als er das entdeckte, und rechnete sich aus, daß er Somerville von jetzt ab um größere Summen erleichtern konnte. Im Augenblick dachte er gar nicht daran, sich ein Landgut zu kaufen.

Plötzlich sah sich Somerville um.

„Treffen Sie mich morgen nachmittag um drei Uhr in dem Tal Gorge du Chauderon."

„Wo liegt denn das?" fragte Templar erstaunt. „Ich kenne die Gegend nicht so genau."

„Sie gehen den Abhang nach Glion hinunter, wenden sich nach rechts, gehen durch die Stadt und kommen dann auf eine Straße, die nach Les Avanats führt. Dicht vor der Brücke, die sich über die Talschlucht zieht, finden Sie einen Fußweg nach der Schlucht und kommen an das Ufer des kleinen Flusses. Es ist ein schöner, ruhiger Platz, wo wir wahrscheinlich nicht gestört werden."

„Aber warum wollen wir denn die Sache nicht hier abmachen? Ich könnte doch heute abend auf Ihr Hotelzimmer kommen ..."

„Sie bekommen Ihr Schandgeld in der Gorge du Chauderon oder überhaupt nicht", entgegnete Somerville kurz. „Was ist denn mit Ihnen los, Templar? Für gewöhnlich sind Ihnen doch solche Kleinigkeiten gleichgültig. Für Sie ist es doch die Hauptsache, daß Sie das Geld einstecken können. Deshalb haben Sie doch im allgemeinen Angst davor, mich in einem Zimmer zu treffen, wo das Gespräch und die Übergabe des Geldes von einem Detektiv belauscht werden könnte. Das letztemal in London haben Sie mitten in der Nacht darauf bestanden, daß wir ans Themseufer gehen sollten."

„Es gibt eine ganze Menge von Örtlichkeiten, wo wir uns treffen könnten", brummte Templar. „Übrigens ..."

„Das ist der Ort, für den ich mich entschieden habe."

Templar sah ihn argwöhnisch an.

„Ich sage Ihnen nur das eine, Mr. Somerville, ich lasse mich von Ihnen nicht übers Ohr hauen. Wenn Sie irgendwelche Tricks mit mir vorhaben – wenn Sie versuchen sollten ..., dann habe ich nicht das geringste Mitleid mit Ihnen – ich sage Ihnen, ich schieße Sie auf der Stelle nieder wie einen Hund!"

Somerville machte eine verächtliche Handbewegung und wandte sich ab.

„Also um drei Uhr morgen nachmittag."

„Ich komme", sagte Templar und biß die Zähne zusammen. „Aber wenn Sie den geringsten Versuch machen sollten ..."

Somerville wartete nicht länger. Mit großen Schritten ging er die Terrasse entlang, trat in die Hotelhalle und wandte sich zu dem Büro des Hoteldirektors.

Templar war ihm vorsichtig gefolgt. Er hatte seine Zweifel, und es war ihm nicht geheuer zumute. Zögernd setzte er sich in einen Sessel, von dem aus er die Tür des Hotelbüros übersehen konnte. Als die Zeit verging und Somerville immer noch nicht herauskam, wurde er nervös und unruhig. Nach zwanzig Minuten erschien Preston schließlich wieder im Türrahmen, sprach aber noch leise mit dem Hoteldirektor. Templar bemerkte, wie der Schweizer zu ihm hinüberschaute. Sein Blick war sonderbar. Templar wurde es heiß, er wischte sich die Stirn mit dem Taschentuch, räusperte sich halb verlegen, halb schuldbewußt und erhob sich. Er versuchte sich in die Brust zu werfen und ging mit würdevollen Schritten zu seinem Zimmer, als ob er Somerville überhaupt nicht sähe.

Etwas zusammenhanglos und ungewöhnlich erregt erzählte er Marie die Geschichte mit allen Einzelheiten. Allem Anschein nach war er sehr nervös geworden. Dreimal hatte er sich schon aus der Whiskyflasche eingeschenkt, die er in seinem Koffer stets bei sich trug. Besonders ärgerte er sich über Marie, weil sie nicht im mindesten auf seine Worte einging.

„Mach doch wenigstens den Mund auf und sag etwas", fuhr er sie an. „Ich möchte nur wissen, worauf er hinauswill! Was für einen Plan hat er sich ausgeheckt ...? So hat er mich noch niemals behandelt – ob er nicht genug Geld hat?"

Sie sah ihn offen an.

„Joe, soll ich dir wirklich einen Rat geben?"

„Ja, wenn es einer ist, den ich tatsächlich gebrauchen kann", sagte er und kaute wütend am Ende seiner Zigarre.

„Mach, daß du von Caux fortkommst. Ich weiß zwar nicht viel von Preston, denn ich habe nicht lang genug mit ihm zusammengelebt, um seine Art genau zu verstehen, aber ich kann dir nur sagen, das ist ein ganz gerissener Kerl, und es ist gefährlich, wenn er sich einmal etwas in den Kopf gesetzt hat. Für gewöhnlich verliert der seine Haltung nicht."

Sie erhob sich plötzlich nervös und erregt.

„Ich gehe auf jeden Fall von hier fort."

„So, du willst fort? Wohin? Das wirst du bleiben lassen", erwiderte er scharf.

Sie wandte sich zu ihm um.

„Werde nur nicht grob zu mir, Joe. Dadurch änderst du auch nichts an der Sache. Ich fahre heute abend mit dem Nachtzug nach Paris zurück. Du kannst ja hierbleiben und die Sache zu Ende bringen, aber ich will nichts damit zu schaffen haben. Ich bin überhaupt nicht für Erpressungen. Du bist übrigens auch nicht der rechte Mann dazu; dir fehlt die nötige Festigkeit und eiserne Ruhe. Ich weiß ganz genau, warum du solche Angst bekommen hast und warum du so erregt bist. Das kommt nur daher, daß er etwas von Dartmoor zu dir gesagt hat."

Mr. Templar blinzelte.

„Vielleicht ist es nicht einmal eine schlechte Idee, wenn du von hier weggehst", meinte er nach einiger Zeit. „Es ist eigentlich kein Grund vorhanden, warum du hierbleiben müßtest. Aber wenn er irgendwie versuchen sollte ... man kann diesem Somerville nicht über den Weg trauen ... zum Donnerwetter, die Sache ist wirklich nicht so einfach!"

Er atmete schwer.

Am Abend brachte er sie zu dem letzten Zug, der aus den Bergen ins Tal fuhr, und sie war herzlich froh, daß sie Caux verlassen körnte. Einsilbig und wenig freundlich verabschiedete sie sich von ihm. Er ging auf sein Zimmer zurück und schlief, aber er konnte keine Ruhe finden und wurde von bösen, aufregenden Träumen gequält.

Am nächsten Morgen machte ihn ein Ereignis noch unruhiger und nervöser. Er hatte das Frühstück auf seinem Zimmer eingenommen, dann las er eine Stunde lang in den Zeitungen draußen auf der Hotelterrasse. Als er zurückkehrte, entdeckte er, daß der Zimmerkellner seinen Koffer ausgepackt hatte. Seine Kleider waren in den Schrank gehängt und sorgfältig gebürstet worden. Am meisten ärgerte ihn aber, daß der Kellner den großen Revolver herausgenommen hatte, der gewöhnlich zuunterst auf dem Boden seines Koffers versteckt war. Die etwas altmodische, große Waffe lag jetzt auf dem Frisiertisch.

„Wer hat Ihnen den Auftrag gegeben, meinen Koffer auszupacken?“ fragte Templar ärgerlich.

Der erstaunte Kellner hob die Schultern fast bis zu den Ohren und lächelte.

„Ich dachte, daß es Ihnen angenehm sein würde. Ich mache es bei allen anderen Herrschaften auch so.“

„Ich habe Ihnen doch ausdrücklich erklärt, daß Sie meinen Koffer nicht anrühren sollen. Ich werde mich beim Hoteldirektor beschweren und dafür sorgen, daß Sie hinausgeworfen werden. So eine verdammte Frechheit ist mir doch noch nicht vorgekommen.“

Dem Kellner blieb nichts anderes übrig, als wieder die Schultern zu zucken und verbindlich zu lächeln, bevor er durch die Tür verschwand.

Templar nahm den Revolver von der Tischplatte und prüfte ihn genau. Er brauchte ihn auf jeden Fall. Wenn dieser verdammte Kerl ihn tatsächlich überlisten wollte, würde er sich schon zu wehren wissen. Er suchte in den Koffertaschen, nahm eine Schachtel Patronen heraus, lud die Waffe und steckte sie in die Tasche. Der Revolver war schwer, aber gerade das gab ihm eine gewisse Sicherheit, und die brauchte er heute ganz besonders. Warum hatte Somerville ihn wohl nach der Gorge du Chauderon bestellt? Der Name hatte etwas Unheimliches und Drohendes, und Templar schauderte.

Am Nachmittag machte er sich dann aber doch auf den Weg. Bis nach Glion fuhr er mit dem Zug, dann ging er den Weg hinunter bis zur Schlucht. Ohne weitere Schwierigkeit fand er den beschriebenen Fußpfad, der ziemlich steil war und sich zwischen Fichten und Lärchenbäumen hindurchwand. Große Felsblöcke lagen zu beiden Seiten. Ab und zu machte er halt, denn er hatte noch sehr viel Zeit. Von Somerville konnte er nichts sehen. Er erwartete, daß er mit dem anderen auf dem Weg zusammentreffen würde, aber Somerville war schon längst vor ihm gekommen. Er saß auf einem Felsblock auf einer Lichtung; der kleine Fluß schäumte an ihm vorüber.

Somerville wartete an diesem schönen Platz. Das dauernde Rauschen des Wassers übertönte das Zirpen der Grillen. Von seinem

Sitz aus konnte er die nackten Felskegel des Jarman und die zerklüfteten Abhänge der nahen Berge sehen. Er hörte die zögernden Schritte seines Feindes und erhob sich von seinem Sitz.

Templar blieb sofort stehen, als er ihn sah. Plötzlich erwachten Mißtrauen und Furcht aufs neue in ihm.

„Kommen Sie doch näher. Wovor fürchten Sie sich denn?“ rief Somerville.

Zögernd ging Templar weiter und sah sich nach links und nach rechts um, ob nicht irgendwo ein Zeuge versteckt wäre. Stets argwöhnte er, daß Somerville jemand verborgen hätte, der später bei Gericht gegen ihn auftreten könnte. Aber der Platz war vollkommen übersichtlich; nirgends gab es Gesträuch oder Unterholz, wo sich jemand hätte verstecken können.

„Setzen Sie sich auf den Felsblock, Templar“, sagte Somerville. „Wir wollen miteinander reden.“

„Das fällt mir gar nicht ein. Ich will nicht mit Ihnen verhandeln“, erwiderte Templar grob. „Ich bin nicht hergekommen, um hier ein Kaffeekränzchen abzuhalten – ich bin ...“

„Aber ich möchte es so haben“, erklärte Somerville freundlich. „Ich wollte Ihnen nämlich etwas erzählen.“

Templar kniff die Augenlider zusammen.

„Zunächst möchte ich einmal feststellen“, fuhr Somerville fort, „daß Sie am Ende Ihres Könnens sind, mein Freund.“

„Ach so, Sie wollen mich doch übers Ohr hauen?“ Templar sah sich wieder nach allen Seiten um. „Sie glauben, Sie haben mich hier gefangen? Aber den Glauben will ich Ihnen schnell austreiben.“

„Ich habe Sie nicht nur gefangen, ich werde Sie auch umbringen.“

Templar sprang auf. Im selben Augenblick hatte er den Revolver aus der Tasche gezogen.

„Ach, deshalb haben Sie mich hergelockt?“ rief er atemlos. „Nun, wenn es zur Schießerei kommt, bin ich Ihnen überlegen. Falls Sie sich rühren ...“

Er brach ab, weil ihm das Atmen schwer wurde. Somerville lachte verächtlich.

„Stecken Sie Ihr Schießeisen in die Tasche. Ich hoffte, daß Sie es mitbringen würden. Ich wiederhole nochmals, ich werde Sie umbringen. Seit siebzehn Jahren haben Sie mich gequält; Ihre Erpressungen waren der furchtbare Alpdruck, unter dem ich leben mußte. Sie dachten, ich fürchtete die Enthüllung für mich selbst. Nach der Entdeckung, die Sie plötzlich gemacht haben, wissen Sie nun, daß ich mich aus einem anderen Grund dazu entschloß, Ihre Forderungen zu erfüllen.“

„Wegen Ihrer Tochter. Das weiß ich sehr wohl“, unterbrach ihn Templar, der sich allmählich wieder gefaßt hatte.

„Ich wollte Ihnen nur in Erinnerung bringen, wieviel ich durchgemacht habe“, fuhr Somerville fort, „damit sie auch genau wissen, worum es sich handelt. Ich hoffe, daß Ihr Gewissen noch einmal wach wird, bevor Sie sterben müssen. Wenn Sie länger darüber nachdenken, werden Sie auch vollkommen verstehen, warum Sie den Tod verdient haben."

Langsam ging er zu ihm hinüber. Templar richtete den Revolver auf seinen Gegner.

„Kommen Sie nur nicht in meine Nähe", rief Templar heiser. „Ich schieße Sie nieder wie einen Hund!"

„Schießen Sie doch!"

Der herausfordernde Ton hätte wahrscheinlich jeden anderen derartig aufgebracht, daß er abgedrückt hätte. Aber Templar war feige.

„Schießen Sie doch! Was Sie auch tun, Ihr Schicksal ist besiegelt. Sie haben ja gar nicht den Mut, den Revolver abzudrücken ... Ihre Hand zittert ja ..."

Somerville kam näher und näher, während der andere die Waffe nicht ruhig halten konnte. Plötzlich stürzte er sich auf sein Opfer. Mit einer Hand wand er Templar den Revolver aus den Fingern. Die Waffe fiel ins Gras, dann folgte ein kurzer Kampf. Preston war schlank und sehnig, ein durchtrainierter Sportsmann, und gewann natürlich sofort die Oberhand. Templar wußte auch, daß er unterliegen mußte, und war daher vom ersten Augenblick an im Nachteil.

Er versuchte sich frei zu machen, aber dann fiel er mit dem Gesicht auf den rauhen Felsen und schlug sich die Backe auf. Somerville bückte sich, drehte Templar auf die andere Seite und sah befriedigt die Wunde im Gesicht seines Gegners.

„Großartig! Besser konnte es gar nicht kommen, selbst wenn ich es beabsichtigt hätte. Stehen Sie auf!“

Er hatte den Revolver aufgehoben und in die Tasche gesteckt.

Templar erhob sich unsicher.

„Dafür sollen Sic mir noch büßen!“ stieß er zwischen den Zähnen hervor.

„Im Gegenteil, Ihnen wird es schlecht gehen. Deshalb sind Sie ja hier!“

Templar sah sich ängstlich und furchtsam um. Somerville lächelte.

„Ich werde Sie nicht hier töten“, sagte er dann langsam. „Tatsächlich werden Sie nach ein paar Minuten so schnell als möglich den Weg zurückeilen, den Sie gekommen sind. Ich habe mir überlegt, daß Sie den Rest Ihres Lebens in einem Schweizer Gefängnis zubringen sollen. Templar, Sie kommen in eine der hochgelegenen Strafanstalten, wo die Gefangenen weiter nichts sehen als graue Felswände und weiße Berggipfel, bis sie sterben. Dort graben die Sträflinge Tag für Tag und brechen Steine, bis jemand anders für sie ein Grab gräbt …“

„Seien Sie still!“

Templars Stimme klang schrill.

„Nein, das dürfen Sie nicht“, fuhr er aufgeregt fort, „Sie wollen … Sie wollen doch nicht …“ Somerville nickte.

„Doch, ich werde es tun!“

Er nahm Templars Revolver heraus und legte ihn auf den Felsen neben sich. Dann holte er einen großen Stoß Banknoten aus der Tasche. Templar sah, daß jede einen Wert von tausend Franken hatte. Was Somerville dann machte, ging über Templars Verstand. Der Mann nahm ein scharfes Taschenmesser und schnitt sich damit ins Handgelenk. Es war nur ein leichter, kleiner Schnitt, das Blut kam langsam aus der Wunde. Einen Augenblick wartete er, dann hob er den Revolver auf.

„Templar, kommen Sie hierher“, kommandierte er scharf.

Langsam gehorchte der andere. „Legen Sie Ihren Finger auf die Schnittwunde.“

„Was soll denn das heißen?“

„Wollen Sie wohl tun, was ich Ihnen eben gesagt habe?“

Zögernd kam Templar der Aufforderung nach.

„So, jetzt nehmen Sie die oberste Banknote in die Hand.“

„Aber hören Sie doch ...!“ Im gleichen Augenblick fühlte Templar die Mündung des Revolvers zwischen seinen Rippen, und er faßte den Geldschein mit seinen blutigen Fingern an.

„Geben Sie mir den Schein“, befahl Somerville, nahm ihm die Note aus der Hand und betrachtete sie genau. „Ein ausgezeichneter Fingerabdruck. Die Beweiskette ist nun vollkommen geschlossen.“

Templar zitterte.

„Was haben Sie mit mir vor? Was hat denn all dieses dumme Zeug für einen Zweck? Mir machen Sie dadurch keine Angst! Glauben Sie mir, ich habe schon zuviel erlebt."

„Die Beweiskette ist vollkommen geschlossen", wiederholte Somerville triumphierend. „Also, hören Sie zu. Hier sind die einzelnen Glieder des Beweises gegen Sie. Zuerst haben Sie sich heute morgen in Gegenwart eines Kellners auf der Hotelterrasse mit mir gezankt – daß ich den Streit mit Ihnen begann, ist nebensächlich. Dann ging ich zum Direktor des Hotels und teilte ihm mit, daß Sie ein Verbrecher sind, der mich erpressen will."

Templars Gesicht färbte sich dunkel.

„Dann gab ich dem Zimmerkellner den Auftrag – wir beide wohnen nämlich in derselben Etage"–, Ihren Koffer auszupacken, um Ihren Revolver eventuell später vor Gericht zu identifizieren. Der ist ja so schön herausgeputzt wie ein Weihnachtsbaum – mit Silber, Perlmutt und so weiter. Die Waffe wird der Mann nie vergessen. Nun habe ich Sie hier in der Gorge du Chauderon getroffen... Sie möchten wohl gern wissen, was jetzt passieren wird?"

Allmählich dämmerte Templar die Wahrheit. Er war in die Falle gegangen! Vor Schrecken konnte er nicht sprechen, er sah Somerville nur entsetzt an.

„Ja, und dann wird man mich hier tot auffinden", fuhr Somerville langsam fort. „Ihr Revolver wird neben mir liegen, ein blutiger Fingerabdruck Ihrer Hand wird auf einer Banknote zu sehen sein, und Sie haben eine blutende Wunde im Gesicht ..."

„Nein, das ist unmöglich!" schrie Templar. „Das werden Sie nicht tun, Mr. Somerville! Um Himmels willen – nein, das dürfen Sie nicht ... Selbstmord ...!"

Templar konnte kaum noch zusammenhängend sprechen.

„Ja, Selbstmord!" wiederholte Somerville düster. „Ich habe es mir überlegt – Schritt für Schritt. Sie haben mir ja siebzehn Jahre Zeit gegeben, alles genau auszudenken, Sie Hund! Und wenn ich jetzt sterbe, dann habe ich wenigstens die Gewißheit, daß Sie mit mir zugrunde gehen. Man wird meine Leiche hier sicher finden – ich habe der Polizei in Les Planches geschrieben, daß ich Sie hier an dieser Stelle treffen würde, und um Polizeischutz gebeten. Heute nachmittag kommt der Brief an. Ich habe die Zeit genau danach eingeteilt."

Er nahm das Paket Banknoten und hielt es Templar hin. „Nehmen Sie das Geld. Das wollten Sie doch von mir haben. Es ist die vereinbarte Summe. Nur den einen Geldschein behalte ich, den soll die Polizei in meiner Brieftasche finden –"

Templar schrie laut auf und schlug Somerville das Geld aus der Hand, so daß die Banknoten auf den Rasen flatterten.

Wie von Furien gepeitscht lief er davon, schluchzte und schrie wie ein furchtsames Kind. Er mußte wieder auf die Hauptstraße zurückkommen – er mußte einen Mann finden – einen Zeugen, mit dem er zu der Stelle zurückkommen konnte ... bevor ... bevor ... vor allem einen Zeugen – jemand, der Somerville noch lebend gesehen hatte ...

Als er die Straße fast erreicht hatte, blieb er wie angewurzelt stehen.

Die enge Schlucht hallte wider von einem Schuß. Mit offenem Mund wandte er sich um. Seine Gesichtsfarbe war aschgrau, und er konnte sich zunächst nicht rühren. Dann wollte er zurücklaufen, die Banknote mit dem blutigen Fingerabdruck und seinen Revolver an sich nehmen, aber er fuhr schaudernd zusammen.

Nein, den Toten konnte er nicht sehen. Er schrie auf und floh weiter und weiter. Als er die Straße erreichte, wäre er beinahe von einem Auto überfahren worden. Der Chauffeur sah ihn wütend an, noch im letzten Augenblick war es ihm gelungen, den Wagen zum Stehen zu bringen.

Templar riß sich zusammen. Er durfte hier nicht in solcher Verfassung herumlaufen. Was sollte der Mann nur von ihm denken! Er strich das Haar aus dem Gesicht und von der schweißtriefenden Stirn.

Dann erkannte er zu seiner Genugtuung, daß es ein Mietauto war.

„Fahren Sie mich nach Glion – zum Bahnhof!“ stieß er unzusammenhängend hervor und taumelte auf den hinteren Sitz.

Nun überlegte er sich, daß er nach Territet fahren konnte; von dort ging die Drahtseilbahn alle zehn Minuten ab. Und von Territet aus konnte er ja über den See fahren oder mit der Eisenbahn weiterreisen. Nach Italien – aber das waren sieben Stunden Fahrt, und er mußte wahrscheinlich bis zum nächsten Morgen warten. Eher ging kein Zug. Oder nach Lausanne – oder – nein, er mußte mit dem Dampfer nach Evian fahren, Evian lag am französischen Ufer; die Fahrt nach der anderen Seite würde nicht viel mehr als eine Stunde dauern.

Er faßte sich und wurde wieder mutiger.

Als sie auf dem Bahnhof ankamen, bezahlte er den Chauffeur reichlich. Der Mann sah ihn neugierig an.

„Sie haben sich ja im Gesicht verletzt", sagte er. „Und Sie haben auch Blut an der Hand."

Templar kam plötzlich wieder der Kampf in der Schlucht zum Bewußtsein. Ohne ein Wort der Erklärung ging er zu dem Billettschalter und kaufte sich eine Fahrkarte. Der Zug wartete; Templar wurde nervös und sah zum Fenster hinaus. Was war los? Die Antwort auf diese Frage erhielt er, als die blauen Eisenbahnwagen des Zuges von Montreux in die Station einfuhren. Nur zwei Passagiere stiegen aus, und Templar biß sich auf die Lippen, um einen Schrei zu unterdrücken. Schweizer Gendarmen! Selbstverständlich! Das Polizeibüro war ja in Les Planches, auf halbem Weg zwischen Montreux und Glion. Er hatte zuerst das Gefühl, daß er sich in dem Wagen zusammenducken müßte, damit man ihn nicht sehen konnte. Aber dann biß er die Zähne zusammen und saß fest und steif auf seinem Sitz.

Die Polizisten sprachen mit dem Stationsvorsteher, traten dann aus der Station heraus und nahmen den Weg, den er mit dem Auto gekommen war. Eine Glocke läutete, und Templar hätte vor Freude weinen mögen, als sich der Zug langsam in Bewegung setzte.

In Territet hatte er eine Viertelstunde Zeit, um auf den Dampfer nach Lausanne zu warten. Zu seinem Schrecken hatte er feststellen müssen, daß von hier aus kein Schiff direkt zu dem französischen Ufer hinüberfuhr, und in Ouchy entdeckte er, daß das letzte Schiff nach Evian bereits abgefahren war.

Es war spät geworden. Er aß in Lausanne hastig etwas zu Abend. Nun mußte er von hier aus mit der Eisenbahn weiterfahren. Valorbe lag ein paar Meilen entfernt, und als er sich auf der Station erkundigte, erfuhr er, daß um elf Uhr ein Zug nach Pontarlier abgehen werde – und Pontarlier war französisch. Er löste seine Fahrkarte und trat in einen düsteren Warteraum; hier suchte er sich die dunkelste Ecke aus und setzte sich nieder, um zu warten.

Er verstand und sprach französisch. Den ganzen Abend hatte er gelauscht, ob die Leute in Lausanne, auf der Station und am Seeufer nicht von dem schweren Verbrechen sprachen, das in der Gorge du Chauderon passiert war. In seiner Phantasie nahm die Sache immer größere Ausmaße an. Je länger es dauerte, desto mehr war er von dem einen Gedanken besessen: Alle Leute mußten um dieses Verbrechen wissen, das er nicht einmal begangen hatte!

Aber soviel Mühe er sich auch gab, er hörte kein Wort. Allerdings wußte er, daß die Schweizer Polizei alle Nachrichten dieser Art unterdrückte, um den Fremdenverkehr nicht zu stören.

Es war furchtbar, als er daran dachte, daß er ins Gefängnis kommen könnte ... Jahr für Jahr – ja, sein ganzes Leben sollte er in diesen trostlosen Verhältnissen zubringen ... Er wußte ja, daß in der Schweiz die Todesstrafe abgeschafft war.

Heftig schüttelte er sich.

„Nein – ins Gefängnis bringen sie mich nicht!“

Vor der Glastür des Warteraums stand ein Mann und beobachtete ihn durch das Fenster. Es war sehr schwer, Templar zu erkennen, denn er hatte seinen Platz sehr gut ausgewählt. Aber der Mann erkannte ihn doch, ging auf den Bahnsteig zurück und von dort aus zu dem Eingang des kleinen Stationsgebäudes, wo zwei Polizisten auf Posten standen.

„In dem Warteraum“, sagte er auf französisch, „sitzt der Mann. Vergessen Sie nicht, er heißt Templar.“

„Sie haben zu Protokoll gegeben, daß er Ihnen Ihr Gepäck genommen hat?“ erwiderte der eine Polizist.

Der Mann nickte, und die Polizisten gingen zu dem Warteraum.

Templar hörte, wie sie die Tür öffneten, und richtete sich erschreckt in seinem Stuhl auf, als er die Leute in den Uniformen sah.

„Sind Sie Monsieur Templar?“

Er nickte.

„Ich verhafte sie ...“

Kurz vorher hatte Templar das Fläschchen aus seiner rechten Westentasche genommen und den Inhalt mit einem Zug geleert.

„Sie wollen mich ins Gefängnis bringen ... Nein – Gefängnis gibt es für mich nicht“, sagte er mit heiserer Stimme. „Erpressung, ja, das habe ich getan ... aber Mord – nein, das habe ich nicht ...“

Die beiden Polizisten packten ihn, als er vornüberfiel, und der eine ging auf den Bahnsteig hinaus, um den Mann zu suchen, der Templar angezeigt hatte.

Aber Somerville war längst verschwunden.

Eine Stunde später fuhr er in einem schnellen Motorboot nach Montreux zurück, und unterwegs warf er Templars Revolver mit dem perlmuttbeschlagenen Griff ins Wasser. Er hatte aus ihm nur einen Schuß in die Luft abgefeuert.

Es war ein Unglückstag für Templar, als Somervilles Detektiv feststellte, daß er stets ein Fläschchen Blausäure in seiner rechten Westentasche bei sich trug.

Indizienbeweis

Oberst Dane stand entschlossen in der geräumigen, prachtvollen Halle des Hauses, in dem er einen Kuraufenthalt verbracht hatte. Auch alle anderen Patienten hielten sich gern in diesem schönen Raum auf. Besonders an kühlen Tagen fühlte man sich hier behaglich. Die hohen Wände waren bis zur Decke mit Holz getäfelt, und die polierten Flächen spiegelten die großen Holzfeuer wider, die in den offenen Kaminen loderten. In stillen, verschwiegenen Ecken luden eingebaute Sofanischen zum Sitzen und zum Plaudern ein; schöne alte Stiche in glätten, geschmackvollen Holzrahmen fügten sich harmonisch in die Umgebung ein. Weiche Teppiche, in denen die Füße versanken, bedeckten den Boden und dämpften alle Geräusche.

Im Sommer war es hier kühl, wenn die großen Portieren halb zugezogen wurden und vor dem grellen Sonnenlicht schützten. Verträumt tickte im Hintergrund die große, alte Standuhr mit den geschnitzten Engelsfiguren, und zu der halbgeöffneten Tür trug die Brise den Duft von Teerosen herein. In dieser paradiesischen Ruhe und Schönheit hatte schon manches unruhige Gemüt nach all den Kämpfen und Qualen des Lebens Ruhe und Frieden gefunden.

Oberst Chartres Dane spielte nervös mit dem obersten Knopf seines Staubmantels; auf seinem gutgeschnittenen Gesicht lag ein nachdenklicher Zug. Er war schlank und hager und mochte etwa fünfundfünfzig Jahre zählen, aber er sah müde aus, und seine Bewegungen waren etwas fahrig.

Dr. Merriget sah ihn fragend durch seine starke Brille an. Er wunderte sich darüber, mit welcher Gelassenheit der Patient das Gutachten hingenommen hatte. Es war ein peinlicher Augenblick; der Doktor hatte in liebenswürdigster Form sein Bedauern über den Befund ausgesprochen und versucht, den Kranken aufzurichten und zu trösten. Und nun war alles gesagt, was gesagt werden konnte. Es blieb nur noch übrig, daß der Patient sich verabschiedete und ging.

„Sie haben übrigens früher eine sehr schwere Verwundung an der Wange gehabt, Mr. Jackson", sagte der Arzt, um das Gespräch auf ein anderes Thema zu bringen und dadurch das drückende Schweigen zu brechen. Sicher hat der Oberst viele Gefechte mitgemacht, das bewiesen seine Verwundungen. An mancher Schlacht hatte er teilgenommen und dem Tod mutig ins Auge gesehen. Solche Erinnerungen mochten vielleicht dem früheren

Offizier im Augenblick darüber weghelfen, daß seine Tage gezählt waren und daß er nicht mehr lang zu leben hatte.

Dane strich nachdenklich mit der Hand über die lange Narbe in seinem Gesicht.

„Das hat ein Kind getan – meine Nichte. Wenn ich auch sonst dreimal verwundet worden bin, diese Narbe hat nichts mit meinem Beruf als Soldat zu tun.“

„Sehr merkwürdig – wie kommt denn ein Kind dazu, so etwas zu tun?“ fragte Dr. Merriget etwas betreten. Seine Neugierde war geweckt.

„Es war schließlich meine eigene Schuld – sie war erst vierzehn Jahre alt –, ich sprach wegwerfend von ihrem Vater, und das war um so unverzeihlicher, als er erst vor kurzem gestorben war. Wir saßen beim Frühstück, und ich sagte dabei etwas über meinen Schwager – was ich in Gegenwart des Kindes besser unterlassen hätte. In ihrer Erregung warf sie das große Brotmesser nach mir, und es traf so unglücklich ...“

Er nickte nachdenklich, aber dann ging ein Lächeln über seine Züge.

„Sie hat mich seit der Zeit gehaßt – und sie haßt mich immer noch ...“

Er wartete.

Dem Doktor war die Situation sehr peinlich. Er versuchte deshalb, noch einmal auf das Resultat der Untersuchung zurückzukommen.

„Ich wäre viel beruhigter, wenn Sie zu einem Spezialisten gingen, Mr. Jackson. Sie sehen ja, wie schwierig es für mich ist, in einem solchen Fall ein endgültiges Urteil abzugeben. Es ist möglich, daß ich mich geirrt habe. Ich weiß wenig von Ihrem Vorleben, ich meine, ich habe Sie bei Ihren früheren Krankheiten nicht behandelt. In London gibt es viele Spezialärzte, die Ihnen ein wertvolleres Urteil geben konnten als ich. Ein praktischer Arzt, besonders wenn er auf dem Land lebt, ist von der großen Entwicklung der Wissenschaft mehr oder weniger ausgeschlossen. Man hat hier nur die gewöhnlichen Fälle zu behandeln ... Es ist schwer, sich in der Medizin auf dem laufenden zu halten ...“

„Wissen Sie etwas über die Machonicies-Schule?“ fragte der Oberst unerwartet.

„Selbstverständlich“, entgegnete der Doktor überrascht. „Sie ist eine der besten technischen Schulen für Naturwissenschaften. Viele unserer Ärzte und Chemiker bereiten sich dort auf ihr Studium vor. Aber warum fragen Sie danach?“

„Ach, es kam mir nur so in den Sinn. Was Sie von den Spezialisten sagen, mag stimmen, aber ich glaube kaum, daß ich mich noch an einen anderen Arzt wenden werde.“

Mit diesen Worten drehte sich der Oberst um und ging mit langen Schritten die gepflegten Kieswege zwischen den Blumenbeeten entlang.

Dr. Merriget stand noch auf den Stufen der Treppe, die zur Haustür hinaufführten, als man schon lange nichts mehr von dem Wagen hörte, in dem der Patient fortgefahren war.

„Hm“, murmelte Dr. Merriget nachdenklich, als er in sein Arbeitszimmer zurückkehrte und sich an seinem Schreibtisch niederließ.

„Mr. Jackson?“ sagte er laut zu sich selbst. „Ich möchte nur wissen, warum sich der Oberst Mr. Jackson nennt?“

Vor zwei Jahren hatte er den tüchtigen Kolonialoffizier bei einem Gartenfest kennengelernt, und er hatte ein vorzügliches Gedächtnis für Gesichter.

Er dachte nicht weiter über die Sache nach, da er sich selbst für eine längere Reise vorbereitete und das Packen seiner Koffer beaufsichtigte. Er wollte nach Konstantinopel fahren und von dort aus den näheren Orient besuchen. Schon seit langer Zeit hatte er sich auf diese Urlaubsreise erfreut.

*

Am folgenden Nachmittag war in der Machonicies-Schule ein Experimentalvortrag in vollem Gange.

„... durch diese Verbrennung haben wir einen besonderen Stoff gefunden, der ein hervorragendes Gift darstellt ... Wir wollen nun damit weitere Untersuchungen anstellen und sehen, wie sich das Kristall zusammensetzt ... Es ist ein vergängliches, farbloses Gebilde, das sich in Flüssigkeiten äußerst schnell und vollkommen löst.“

Der Lehrer, dessen monotone Stimme den Saal füllte, war so durch und durch Chemiker, daß für ihn das ganze Leben nichts weiter als eine Aufeinanderfolge chemischer Reaktionen bedeutete; außer seiner Wissenschaft kannte er nichts ...

Ella Grant sah widerwillig auf die Kristalle, die auf dunkelblauem Papier vor ihr lagen, und drehte den Bunsenbrenner aus. Professor Denman konnte nie ein Ende finden; seine Vorlesungen gingen stets über den Stundenschluß hinaus, und jetzt war es schon Viertel nach fünf! Das runde Zifferblatt der Uhr über dem Katheder schien sie anzugrinsen und sich über sie lustig zu machen.

Sie wurde immer ungeduldiger, seufzte und spielte nervös mit den chemischen Apparaten, die vor ihr standen. Außer ihr waren noch etwa zwanzig andere junge Mädchen in weißen Arbeitskitteln anwesend; aber alle dachten wie Ella Grant nur daran, daß die Vorlesung des Professors schon eine Viertelstunde zu lang dauerte. Ihre Augen waren auf den kahlen Schädel des Gelehrten gerichtet, der die Zeit vollständig vergessen hatte und dauernd über die Eigenschaften des Zyankali sprach.

„Wir haben hier einen Stoff, dessen Affinität zu Sauerstoff unendlich groß ist ... Ach, ist es schon fünf ...? Ja, die Vorlesung ist jetzt zu Ende."

Erlöst sprangen die jungen Mädchen von ihren Plätzen auf, und der Professor konnte sich in dem Lärm kaum noch verständlich machen.

„Meine Damen ...! Aber hören Sie doch noch einen Augenblick zu. Der Laboratoriumsdiener wird die einzelnen Chemikalien einsammeln, die zu diesem Experiment ausgegeben worden sind ..."

Sie drängten zur Tür, und der Laboratoriumsdiener sammelte am Ausgang schnell die grünen, braunen und blauen Fläschchen ein, die ihm hingehalten wurden.

Er besaß ein fabelhaftes Gedächtnis für die Namen der Schülerinnen und für die Materialien, die er ausgeteilt hatte.

Als die Klasse leer war, fuhr er mit der Hand über die Stirn.

„Miss Grant ...?“

Das Laboratorium für analytische Chemie war leer. Neunzehn kleine Flaschen stellte er in Reih und Glied an ihren Platz. Eine fehlte. Und er wußte genau, daß Miss Grant ihr Glasfläschchen nicht abgegeben hatte.

Er ging in die Garderobe, wo die einzelnen Arbeitskittel hingen, und untersuchte die Taschen der weißen Arbeitsschürze von Miss Grant, aber er fand nichts.

Schließlich kehrte er ins Laboratorium zurück und schrieb in seinen Bericht:

„Miss Grant hat die für die Experimente ausgeliehenen Chemikalien nicht zurückgegeben.“

Ella hatte die Flasche in der Tasche ihres Arbeitskittels entdeckt, als sie ihn in der Garderobe aufhängte. Einen Augenblick zögerte sie und runzelte die Stirn, während sie das kleine Ding in der Hand hielt. Sie überlegte, wie lange es wohl dauern würde, bis sie ins Laboratorium zurückging, den Diener aufsuchte und ihm die Flasche zurückgab – dann steckte sie sie entschlossen in ihre Handtasche und verließ die Schule. Es kam ja häufiger vor. daß die jungen Studentinnen die Rückgabe irgendeiner Chemikalie vergaßen. Das war nicht weiter gefährlich. Am nächsten Morgen konnte sie vor Beginn des Unterrichts den Laboratoriumsdiener aufsuchen und alles in Ordnung bringen.

Sie war nur von einem Gedanken beherrscht: Hatte Jack Erfolg gehabt? Er war zur Zeit als junger Anwalt bei der Staatsanwaltschaft beschäftigt, und es war das große Wunder geschehen, von dem so viele träumen: Der Erste Staatsanwalt war plötzlich erkrankt, und da sich niemand so genau in die Akten des Falles eingearbeitet hatte wie Jack, wurde ihm die Führung der Verhandlung anvertraut. Er hatte keinen leichten Stand, denn der Angeklagte wurde von zwei glänzenden Rechtsanwälten verteidigt, und es war allgemein bekannt, daß der Richter sehr nachsichtig und mild urteilte.

Sie kaufte sich nicht erst eine Zeitung, denn sie hatte Angst, daß Jack Freeder vielleicht nicht auf sie gewartet hatte. Erleichtert atmete sie auf, als sie in die Anlagen kam und entdeckte, daß er auf dem mit großen Steinplatten belegten Weg auf und ab ging.

„Es tut mir so leid ...“

Sie hatte ihn eingeholt und stand jetzt dicht hinter ihm. Als er ihre Worte hörte, wandte er sich schnell um. Seine Augen leuchteten, und sie sah ihm sofort an, daß er großen Erfolg gehabt hatte. Die Begeisterung in seinen Zügen sagte ihr alles, was sie wissen wollte. Ella legte glücklich ihren Arm in den seinen ... sie war stolz auf ihn.

„... der Richter hat mich nach der Verhandlung in sein Zimmer kommen lassen und mir ausdrücklich gesagt, daß der Staatsanwalt selbst den Fall nicht besser hätte führen können.“

„Ist der Angeklagte wirklich schuldig?“ fragte sie zögernd.

„Wen meinst du, Flackman ...? Ich nehme es bestimmt an", erwiderte er etwas gleichgültig. „Sein Revolver wurde in Sinnits Zimmer gefunden, und die Zeugenaussagen ergaben einwandfrei, daß er vorher wegen Geldangelegenheiten einen heftigen Streit mit Sinnit hatte. Es drehte sich außerdem nicht nur um Geld, sondern vor allem um ein Mädchen. Leider reichte das Material, das die Untersuchung zutage brachte, nicht aus, auch gegen sie Anklage zu erheben. Selten hat man bei solchen Mordfällen direkte Beweise, und in gewisser Weise wiegen Indizien viel schwerer. Wenn ein Zeuge vor Gericht aufgetreten wäre und gesagt hätte: „Ich sah, wie Flackman Sinnit erschoß und wie Sinnit tot umfiel", dann würde die ganze Anklage mit der Glaubwürdigkeit dieses Zeugen stehen oder fallen. Dem Verteidiger bleibt nichts anderes übrig, als die Glaubwürdigkeit des Zeugen anzugreifen, und wenn es ihm gelingt, den Mann als einen Gewohnheitslügner hinzustellen, ist eine Verurteilung unmöglich. Wenn wir andererseits sechs oder sieben Zeugen haben, von denen jeder eine besondere Aussage macht und dadurch den Verdacht der Täterschaft immer mehr erhärtet, und wenn keine Aussage der anderen widerspricht, dann ist die Kette geschlossen, und das Netz zieht sich über dem Angeklagten zusammen, so daß es kein Entrinnen mehr gibt."

Sie nickte.

Bei Beginn der Sommerferien hatte ihre Bekanntschaft mit Jack Freeder begonnen; ein romantisches Abenteuer hatte sie zusammengeführt. Sie sah vom Ufer aus, daß ein Segelboot in der Nähe kenterte und der eine Insasse unter dem Segel gefangen war.

Als glänzende Schwimmerin tauchte sie, und es gelang ihr, ihn aus der Takelage zu befreien und ihm das Leben zu retten.

„Für mich hat der Fall eine außerordentlich große Bedeutung, Ella“, sagte er, als sie in eine verkehrsreiche Straße einbogen. „Dieser Erfolg schafft mir eine Existenz.“

Er sah sie an, und ihre Blicke ruhten sekundenlang ineinander. Auch sie hatte von Anfang an gewußt, daß dieser Erfolg die Grundlage ihres gemeinsamen Glücks werden würde.

„Hast du übrigens Stephanie gestern abend gesehen?“ sagte er plötzlich.

Sie schlug schuldbewußt die Augen nieder.

„Nein“, gab sie zögernd zu. „Aber du solltest dir darum keine Sorge machen, Jack. Stephanie erwartet das Geld mit jeder Post.“

„Die Auskunft hast du nun schon einen ganzen Monat lang bekommen“, entgegnete er sachlich und trocken, „und inzwischen wird die Summe fällig. Ich kann überhaupt nicht verstehen ...“

Sie unterbrach ihn lachend.

„Ja, ich weiß, du kannst nicht verstehen, warum meine Unterschrift als Garantie für Stephanie genügte“, sagte sie vergnügt. „Das ist eigentlich gar nicht nett von dir!“

Stephanie Boston war ihre Freundin. Lange Zeit hatte sie mit ihr zusammengelebt, und jetzt hatte sie die Wohnung über ihr gemietet. Jack Freeder machte die Freundschaft der beiden schon lang große Sorge, obwohl er Stephanie erst ein einziges Mal gesehen hatte. Sie war eine schöne, etwas oberflächliche junge Dame, die elegante Kleider liebte und weit über ihre Verhältnisse lebte. Obwohl sie als eine anerkannte Modezeichnerin galt, war sie in Schwierigkeiten geraten und wußte nicht mehr aus noch ein. Andere hatten das lange vorausgesehen. Eines guten Tages war sie mit einem Formular zu Ella gekommen und hatte ihr eine lange Geschichte mit dem kurzen Inhalt erzählt, daß jemand ihr Geld leihen wollte, wenn Ella ihren Namen unter den Schuldschein schriebe. Ella, der alle Finanzdinge vollkommen fremd waren, erfüllte den Wunsch der Freundin sofort.

„Wenn du eine große Erbin wärst, oder wenn du durch den Tod eines Verwandten auf ein Legat rechnen könntest“, fuhr Jack besorgt fort, „dann könnte ich schließlich verstehen, daß Mr. Bent sich mit deiner Unterschrift zufrieden gegeben hat. Aber das trifft doch alles nicht zu!“

Ella lachte und schüttelte den Kopf.

„Der einzige Verwandte, den ich auf der Welt habe, ist mein armer, lieber Onkel Dane, und der ist böse auf mich. Ich habe ihn auch nicht leiden können, aber darüber bin ich längst hinweg. Nachdem mein Vater starb, war ich ein paar Monate in seinem Haus, und wir stritten uns – den Grund brauche ich dir nicht zu erzählen. Ich bin davon überzeugt, daß ihm nachher leid tat, was er gesagt hatte. Als Kind war ich sehr jähzornig, ich habe damals ein Messer nach ihm geworfen.“

„Um Himmels willen!“ Jack starrte sie erschreckt an.

Sie nickte feierlich.

„Das Geschehene läßt sich nicht mehr ändern. Deshalb habe ich auch keine Aussicht, von ihm etwas zu erben. Mein Onkel ist unheimlich reich, aber nach all diesen Vorfällen ist gar nicht daran zu denken, daß er mir etwas vermacht. Höchstens das Messer, mit dem ich ihn damals verwundet habe."

Jack schwieg. Bent, ein gewerbsmäßiger Geldverleiher, war als hartherzig und rücksichtslos bekannt.

Als Ella an diesem Abend nach Hause kam, war sie fest entschlossen, Stephanie aufzusuchen. Jack Freeder war in dem Punkt sehr energisch gewesen und hatte sie gedrängt, das zu tun. Sie gestand sich ein, daß sie einem solchen Besuch bis jetzt aus dem Weg gegangen war.

Stephanies Räume befanden sich im ersten Stock; Ella wohnte eine Treppe höher. Sie stand lange Zeit nachdenklich vor der Tür, bevor sie die Entschlußkraft aufbrachte, die Klingel zu drücken.

Grace, das etwas ältliche Mädchen Stephanies, öffnete die Tür mit rotgeweinten Augen.

„Was ist denn geschehen?" fragte Ella bestürzt.

„Treten Sie bitte näher", erwiderte das Mädchen kleinlaut. „Miss Boston hat einen Brief für Sie zurückgelassen."

„Zurückgelassen?" wiederholte Ella erstaunt. „Ist sie denn abgereist?"

„Als ich heute morgen in die Wohnung kam, war sie fort – der Gerichtsvollzieher war auch da ..."

Ellas Herz wurde schwer. Stephanies Brief war nur kurz, aber eindeutig.

> Ich muß fortgehen, Ella. Ich hoffe, Du wirst mir verzeihen. Dieser entsetzliche Wechsel ist fällig geworden, und da ich keine Deckung beschaffen konnte, mag ich Dir nicht mehr in die Augen sehen. Ich werde alles tun, um meine Schuld an Dich zurückzuzahlen.
>
> Stephanie.

Ella starrte auf das Blatt. In dem Augenblick war ihr noch nicht klar, was das alles zu bedeuten hatte. Stephanie war fort!

„Sie hat ihre ganzen Kleider mitgenommen!“ rief Grace verzweifelt. „Heute morgen in aller Frühe ist sie fort und hat dem Portier gesagt, daß sie aufs Land ginge. Und dabei ist sie mir noch den Lohn für drei Wochen schuldig!“

Ella ging verwirrt und bestürzt in ihre eigene Wohnung. Sie selbst hatte kein Mädchen, aber es kam jeden Morgen eine Aufwartefrau zu ihr, die die Wohnung aufräumte. Ihre Mahlzeiten nahm Ella in einem nahegelegenen Restaurant ein.

Als sie um die letzte Biegung der Treppe kam, sah sie, daß ein Mann auf dem Podest wartete und sich mit dem Rücken an ihre

Wohnungstür lehnte. Obwohl sie ihn nicht erkannte, schien er doch genau zu wissen, wer sie war, denn er grüßte sie respektvoll. Sie hatte die undeutliche Erinnerung, ihn schon einmal gesehen zu haben, aber in dem Augenblick konnte sie sich nicht auf die näheren Umstände besinnen.

„Guten Abend, Miss Grant. Wir kennen uns ja – Miss Boston hat mich Ihnen vorgestellt. Mein Name ist Higgins.“

Sie schüttelte den Kopf.

„Ich kann mich leider nicht darauf besinnen“, erwiderte sie und überlegte, ob sein Besuch etwas mit Stephanies Schulden zu tun haben könnte.

„Ich habe den Wechsel mitgebracht, den Sie vor drei Monaten unterzeichnet haben.“

Nun erkannte sie ihn plötzlich, und es lief ihr eiskalt den Rücken hinunter.

„Mr. Bent will Ihnen keine Unannehmlichkeiten bereiten“, sagte der Mann. „Der Wechsel war schon vor einer Woche zahlbar. Wir haben versucht, Miss Boston zur Einlösung zu veranlassen, aber unter den jetzigen Umständen bleibt nichts anderes übrig, als daß Sie das Geld beschaffen.“

„Wann muß ich zahlen?“ fragte sie tonlos.

„Mr. Bent läßt Ihnen bis morgen mittag Zeit. Ich warte hier schon seit fünf Uhr auf Sie. Hoffentlich können Sie den Zahlungstermin einhalten.“

Niemand wußte besser als der Angestellte von Mr. Bent, daß Ella Grant nicht in der Lage war, sofort vierhundert Pfund zu zahlen.

„Ich werde an Mr. Bent schreiben“, erklärte sie schließlich, aber es fiel ihr schwer, zu sprechen.

Der Mann ging, nachdem er sie höflich gegrüßt hatte, und nun saß sie einsam in ihrer dunklen Wohnung und grübelte. Jetzt erst kam ihr die Schwere ihrer Lage zum Bewußtsein. Sie schuldete Geld, das sie nicht zurückzahlen konnte!

Wie betäubt ging sie in der Wohnung umher. In dem Briefkasten steckte ein Schreiben. Mechanisch nahm sie es heraus, setzte sich aufs Sofa, öffnete zerstreut den Umschlag und zog den Bogen heraus. Aber sie legte ihn auf den Tisch, ohne einen Blick auf den Inhalt zu werfen.

Was würde Jack dazu sagen? Wie leichtsinnig war sie doch gewesen, als sie ihre Unterschrift unter ein Schriftstück setzte, dessen Bedeutung sie nicht einmal verstand. Früher war sie allerdings auch schon in schwierigen Lagen gewesen, aber sie war darüber weggekommen. Als sie im Alter von vierzehn Jahren das Haus ihres Onkels verlassen hatte, mußte sie mit dem kleinen Einkommen haushalten, das ihr Vater ihr vererbt hatte. Onkel Dane hatte zwar versucht, sie zu unterstützen und sie zu sich zurückzuholen, aber sie hatte alles abgelehnt. Damals hatte sie geglaubt, die größte Krisis ihres Lebens durchzumachen.

Aber jetzt war es etwas anderes.

Sollte sie sich an ihren Onkel wenden? Sie wies den Gedanken weit von sich, aber er kam immer wieder. Vielleicht würde er ihr helfen! Sie hatte nichts mehr gegen ihn, und jetzt tat es ihr bitter leid, daß sie damals so heftig zu ihm gewesen war. Schon öfter hatte sie ihm schreiben und ihn um Verzeihung bitten wollen, aber dann hatte sie ihren Vorsatz nicht ausgeführt, weil er sich hätte einbilden können, daß sie sich aus einem anderen Grund mit ihm gutstellen wollte. Aber er war ihr Verwandter, er hatte doch eine gewisse Verantwortung für sie ... Der Gedanke ließ sie nicht los, und plötzlich faßte sie einen Entschluß.

Das Haus ihres Onkels lag zwölf Meilen vor der Stadt. Es war groß und geräumig und stand einsam am Abhang eines bewaldeten Hügels. Ihr Onkel liebte die Abgeschiedenheit.

Es fiel ihr schwer, einen Chauffeur zu finden, der die weite Fahrt in der Dunkelheit unternehmen wollte. Die Nacht war noch nicht vollkommen hereingebrochen, und am westlichen Himmel zeigte sich ein fahler Schein, als Ella an ihrem Ziel anlangte und vor dem Parktor von Hevel House ausstieg. Ein Pförtnerhaus lag am Eingang, dicht neben dem prachtvollen Portal, aber es war seit langer Zeit unbewohnt. Langsam und zögernd ging sie die Zufahrtstraße entlang, bis sie in die Säulenvorhalle an der Front des Hauses kam. Es lag in tiefer Dunkelheit, und plötzlich wurde sie von einer unerklärlichen Furcht befallen. Wenn ihr Onkel nun nicht hier war? Und selbst wenn sie ihn träfe – würde er ihr helfen wollen? Merkwürdigerweise gab ihr die Möglichkeit, daß er abwesend sein könnte, einen gewissen Mut.

Schon hatte sie die Hand an der Klingel, als ihr plötzlich einfiel, daß ihr Onkel um diese Zeit gewöhnlich an einem Fenster saß, von dem aus man den großen Rasenplatz vor dem Haus übersehen konnte. Oft hatte sie ihn an warmen Sommerabenden dort beobachtet; gewöhnlich stand dann ein Glas Portwein auf dem breiten Fensterbrett neben ihm, er rauchte eine Zigarre und schaute nachdenklich in die Dunkelheit hinaus.

Leise ging sie die Stufen, die zur Haustür führten, wieder hinunter und schlich wie ein Dieb über das kurzgeschnittene Gras neben den Blumenbeeten zum Bibliotheksfenster, das offen stand. Ein schwaches Licht kam von innen, und sie blieb plötzlich stehen. Ihr Herz schlug wild, als sie das Glas Portwein auf dem Fensterbrett erkannte, ihr Onkel hatte also seine Gewohnheiten nicht geändert. Sicher saß er hinter dem Vorhang. Von ihrem Platz aus konnte sie ihn nicht sehen, und doch war er ihr so nahe. Sie nahm allen Mut zusammen und trat einen Schritt weiter vor. Zu ihrem Erstaunen bemerkte sie, daß Oberst Dane nicht auf seinem gewöhnlichen Platz saß. Vorsichtig kam sie noch näher.

Jetzt sah sie ihren Onkel an einem großen Schreibtisch sitzen, der in der Mitte des Zimmers stand. Er hatte ihr den Rücken zugekehrt und schrieb bei dem Schein von zwei Kerzen, die auf dem Tisch standen.

Als sie ihn dort sah, verließ sie plötzlich wieder der Mut, und als er sich vom Tisch erhob, trat sie in die Dunkelheit zurück. Sie bemerkte, daß er nach dem Glas Wein griff. Einen Augenblick später stellte er es auf den Schreibtisch neben sich und nahm dann wieder in dem großen Sessel Platz.

Sie konnte es nicht über das Herz bringen, ihn um das Geld zu fragen. Traurig wandte sie sich um. Vielleicht konnte sie ihm alles schreiben.

Als sie zwei Schritte gegangen war und gerade auf den Weg treten wollte, wurde sie am Handgelenk gepackt.

„Hallo!“ hörte sie eine Männerstimme. „Wer sind Sie, und was haben Sie hier zu suchen?“

„Lassen Sie mich gehen“, schrie sie erschreckt. „Ich – ich ...“

„Was machen Sie hier? Los, antworten Sie!“

„Ich bin die Nichte von Oberst Dane“, erwiderte sie und versuchte, ihre Haltung wiederzufinden.

„Meinetwegen können Sie auch seine Tante sein“, sagte der Parkwächter ironisch. „Also, mein Kind, ich werde Sie jetzt ins Haus bringen ...“

In ihrer Verzweiflung stieß sie ihn so heftig von sich, daß er strauchelte und mit dem Kopf schwer gegen die Steinwand schlug. Entsetzt blieb sie stehen.

„Sind Sie verletzt?“ fragte sie leise.

Aber der Mann antwortete nicht.

Sie wußte, daß er mit dem Hinterkopf auf die spitzen Steine gefallen war. Von wahnsinniger Furcht gepackt, stürzte sie den Weg entlang.

Der Chauffeur sah sie und öffnete die Tür.

„Ist etwas passiert?“ fragte er betroffen.

„Ich – ich – habe einen Menschen getötet“, brachte sie stockend hervor.

Gleich darauf hörte man aus dem Park eine Stimme: „Halten Sie das Mädchen fest!“

Es war der Parkwächter, und eine Sekunde lang fühlte Ella einen freudigen Schrecken.

„Bringen Sie mich fort – schnell, schnell!“

Der Chauffeur zögerte.

„Was haben Sie denn gemacht?“

„Fahren Sie doch ab“, bat sie fast flehentlich.

Einen Augenblick zögerte er noch, dann folgte er der Aufforderung.

*

Drei Wochen später ging John Penderbury, einer der berühmtesten Verteidiger, in Jack Freeders Büro.

Der junge Anwalt saß an seinem Tisch und hatte den Kopf in die Hände gestützt. Penderbury legte die Fland auf die Schulter seines Kollegen.

„Sie müssen es ertragen lernen, Freeder“, sagte er freundlich. „Sie helfen weder sich noch ihr dadurch, daß Sie vollkommen den Kopf verlieren.“

Jack schaute auf; sein Gesicht war eingefallen.

„Es ist entsetzlich“, sagte er heiser. „Ich weiß daß sie vollkommen unschuldig ist. Welche Beweise liegen denn gegen sie vor?“

„Ja, lieber Kollege“, sagte Penderbury, „in einem solchen Fall ist der Indizienbeweis erdrückend. Wenn wir einen direkten Zeugen hätten, der sie belastete, könnten wir ja dessen Glaubwürdigkeit erschüttern, aber bei diesem indirekten Beweis paßt alles vorzüglich ineinander. Jeder der Zeugen hat eine bestimmte Aussage, die das Netz um die Angeklagte nur noch fester schlingt.“

„Es ist doch unmöglich, und es wäre ein Wahnsinn, wenn Ella ...“

Penderbury schüttelte den Kopf, setzte sich neben den Tisch, verschränkte die Arme und sah den jungen Mann ernst an.

„Betrachten Sie die Sache doch einmal vom Standpunkt eines Anwalts aus“, sagte er mitfühlend. „Ella Grant ist in einer furchtbaren Geldverlegenheit; sie hat für eine Freundin einen Wechsel unterschrieben und soll nun plötzlich eine für sie unmögliche Summe zahlen. Ein paar Minuten, nachdem sie dies erfahren hat, findet sie einen Brief in ihrer Wohnung, den sie allem Anschein nach gelesen hat – das Kuvert war geöffnet, das Schreiben fand man aufgefaltet auf dem Tisch. Der Brief wurde von den Rechtsanwälten des Obersten an sie gesandt. Sie teilten ihr darin mit, daß Dane sie zur alleinigen Erbin eingesetzt hat. Dadurch wird ihr klar, daß sie in dem Augenblick, in dem er stirbt, sein großes Vermögen erbt. In ihrer Tasche hat sie eine kleine Flasche Zyankali. Bei der herrschenden Dunkelheit fährt sie zum Haus ihres Onkels, wo sie vor dem offenen Fenster der Bibliothek von einem

Parkwächter angehalten wird. Bei ihrer Vernehmung hat sie folgendes zugegeben: Sie wußte, daß Oberst Dane die Gewohnheit hatte, am Fenster zu sitzen, und daß gewöhnlich ein Glas Portwein neben ihm auf dem Fensterbrett stand. Es war doch so furchtbar einfach, einen Tropfen Zyankali in den Wein zu schütten. Bei ihrer Vernehmung hat sie eingestanden, daß sie ihn haßte und daß sie ihn einmal sogar mit einem Messer schwer verwundete. Die große Narbe war ja bis zu seinem Tod sichtbar. Beim Verhör sagte sie außerdem selbst, daß das Weinglas so nahe stand, daß sie es erreichen konnte."

Er nahm ein Aktenstück aus seiner Mappe, schlug es auf und wandte die Blätter schnell um.

„Sehen Sie, hier steht es:

> „Ja, ich sah ein Glas Wein auf dem Fensterbrett. An warmen Sommerabenden saß der Oberst gewöhnlich am Fenster; ich habe ihn öfter dort gesehen, und als ich das Weinglas bemerkte, wußte ich, daß er in der Nähe sein mußte."

Der Anwalt schob das Aktenstück zur Seite und schaute auf Freeder, der vollständig zusammengebrochen war.

„Zu alledem kommt, daß der Parkwächter sie gesehen hat. Er versucht, sie festzuhalten; nach kurzem Kampf gelingt es ihr, sich von ihm zu befreien. Dann läuft sie den Fahrweg entlang bis zum Wagen. Der Chauffeur sagte doch unter Eid aus, daß sie sehr erregt war. Er fragt sie, was geschehen sei, und sie erwidert in ihrer Aufregung, daß sie einen Menschen getötet hätte ..."

„Aber sie meinte doch den Parkwächter!" unterbrach Jack ihn heiser.

„Das wissen wir nicht. Wir wissen nur so viel, daß sie das zu ihrer Verteidigung angab. Jedenfalls kommen wir über die Tatsachen nicht hinweg. Der Brief der Rechtsanwälte lag auf dem Tisch. Sie sagt, daß sie ihn nicht gelesen hat – aber das Kuvert war doch geöffnet und das Schreiben aufgefaltet. Nun sagen Sie einmal selbst, ist es da wahrscheinlich, daß sie den Brief nicht gelesen hat?

Das kleine Fläschchen mit Zyankali wurde in ihrer Tasche gefunden, und der Oberst war in seinem Arbeitszimmer an den Folgen einer Vergiftung mit Zyankali gestorben. Im Todeskampf hatte er einen Leuchter, der auf dem Schreibtisch stand, umgestoßen. Die Dienerschaft entdeckte, daß die Papiere auf dem Schreibtisch brannten. Das war das erste Zeichen, daß etwas nicht in Ordnung war. Es ist vollkommen klar, welchen Spruch die Geschworenen fällen werden ..."

*

Es war eine große Verhandlung. Das Publikum hatte sich auf die letzten freien Plätze gedrängt.

Der berühmte Staatsanwalt Sir Johnson Grey vertrat die Anklage; Penderbury und Jack Freeder waren die Verteidiger.

Um zehn Uhr sollte die Verhandlung eröffnet werden, aber die Anwesenden warteten vergebens. Um halb elf erschienen schließlich der Staatsanwalt und die Verteidiger vor dem Gerichtshof, und man sah, daß Penderbury und Jack Freeder irgendeine freudige Nachricht zu verkünden hatten.

Jack mußte sich beherrschen; er durfte nicht zu Ella Gram hinübersehen, sonst hätte er die Fassung verloren.

„Was gibt es denn nur für eine Verzögerung?“ fragten die Beamten an dem langen Tisch. „Der Richter kommt ja unglaublich spät.“

In diesem Augenblick standen alle Anwesenden auf, denn der Richter nahm seinen Sitz ein; gleich darauf erhob sich der Staatsanwalt.

„Ich ziehe die Anklage in diesem Fall zurück, denn gestern abend erhielt ich von Dr. Merriget, einem bedeutenden Arzt in Townville, ein beeidigtes Schriftstück.“

„Dr. Merriget“, fuhr der Staatsanwalt fort, „hat eine längere Preise in den Orient gemacht, und ein Brief des verstorbenen Oberst Dane erreichte ihn erst vor einer Woche. Zu gleicher Zeit erfuhr er durch die Zeitungen, daß Miss Ella Grant wegen Mordes vor Gericht: gestellt werden sollte.

Dr. Merriget setzte sich sofort mit dem Justizministerium in Verbindung, und infolgedessen erkläre ich nun hier, daß ich die Anklage gegen Ella Grant fallenlasse. Oberst Dane hatte schon längst vermutet, daß er an einer unheilbaren Krankheit litt. Um sich Sicherheit zu verschaffen, wandte er sich unter anderem Namen an

Dr. Merriget, einen unbekannten Arzt auf dem Land, weil er nicht haben wollte, daß etwas davon in der Öffentlichkeit bekannt würde. Dr. Merriget konnte ihm keine Hoffnung machen, und der Oberst kehrte nach Hause zurück. Der Arzt fand nun ein Schreiben von Dane vor, das ich vorlesen möchte:

„Sehr geehrter Doktor Merriget,

nachdem ich mich gestern von Ihnen verabschiedet hatte, kam ich zu der Überzeugung, daß Sie meinen wahren Namen kennen, denn ich kann mich jetzt erinnern, daß wir uns einmal auf einem Gartenfest getroffen haben. Ich werde nicht, wie Sie mir rieten, einen Spezialisten um Rat fragen – ich habe die Absicht, heute abend eine tödliche Dosis Zyankali zu nehmen. Ich fühle mich verpflichtet, Ihnen dies mitzuteilen, wenn irgendwelche Zweifel über die Todesursache auftauchen sollten. Mit verbindlichem Gruß

Chartres Dane."

Nach kurzer Zeit sollte Jack Freeder wieder einen Prozeß als Staatsanwalt führen, und zwar eine Woche nach der Rückkehr von seiner Hochzeitsreise.

„Sie haben den Flackman-Prozeß damals so vorzüglich geführt, daß wir Ihnen jetzt den Prozeß gegen Wise übergeben möchten", sagte der Generalstaatsanwalt. „Zweifellos werden Sie sich besonders auszeichnen können, denn der Fall hat großes Interesse in der Öffentlichkeit hervorgerufen."

„Welches Beweismaterial liegt gegen Wise vor?" fragte Jack.

„Es ist ein lückenloser Indizienbeweis."

Jack schüttelte den Kopf.

„Ich glaube nicht, daß ich den Fall übernehmen kann", entgegnete er respektvoll, aber fest. „In einem Mordprozeß will ich nur dann wieder für die Staatsanwaltschaft auftreten, wenn die Tat klar erwiesen ist oder in meiner Gegenwart geschah."

Der Generalstaatsanwalt starrte ihn verwundert an.

„Dann wollen Sie nie wieder einen Mordprozeß führen?"

„Nein – meine Frau hat mich darum gebeten."

Und heute noch bedauert man in Juristenkreisen unendlich, daß Jack Freeder durch seine Heirat um eine glänzende Karriere gekommen ist.